"JINSAN"XIADE

SHUIWUFENGXIANYUJING YU
SHUIWUTIXIJIANSHE

"金三"下的税务风险预警与税务体系建设

黄棕生 刘元春 宋飞燕 唐志华 编

财税工作者的工具 ★ 企业家的纳税宝典

- ◆ 穿透力太强。即对纳税人进行"CT"扫描体检
- ◆ 系统化、规范化和流程化的税收治理
- ◆ 实质上就是税收强制规范。
- ◆ "神"到完全颠覆我们传统的税务管理思维,"神"到让税务坐享其成,"神"到让企业深感恐怖。

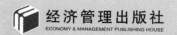

经济管理出版社
ECONOMY & MANAGEMENT PUBLISHING HOUSE

图书在版编目（CIP）数据

"金三"下的税务风险预警与税务体系建设/黄棕生，刘元春，宋飞燕，唐志华编著.—北京：经济管理出版社，2019.5（2020.12重印）

ISBN 978 - 7 - 5096 - 6506 - 0

Ⅰ.①金…　Ⅱ.①黄…　②刘…　③宋…　④唐…　Ⅲ.①企业管理—税收管理—风险管理—中国　Ⅳ.①F812.423

中国版本图书馆 CIP 数据核字（2019）第 063410 号

组稿编辑：杨国强
责任编辑：杨国强　张瑞军
责任印制：梁植睿
责任校对：王淑卿

出版发行：经济管理出版社
　　　　　（北京市海淀区北蜂窝 8 号中雅大厦 A 座 11 层　100038）
网　　　址：www. E - mp. com. cn
电　　　话：（010）51915602
印　　　刷：唐山昊达印刷有限公司
经　　　销：新华书店
开　　　本：720mm × 1000mm/16
印　　　张：11
字　　　数：168 千字
版　　　次：2019 年 7 月第 1 版　　2020 年 12 月第 2 次印刷
书　　　号：ISBN 978 - 7 - 5096 - 6506 - 0
定　　　价：48.00 元

前　言

　　过去的二十年，是我国经济突飞猛进的二十年，也是我们的国税局和地税局分而治之的二十年，通过二十年的税务发展与规范，在全面"营改增"、金税三期上线、国税和地税合并等一系列动作之后，我国的税收征管环境已经发生了很大的变化，纳税人如何适用新的征管环境，在强征管的当下如何进行税收规划，将是今后二十年的重点。

　　本书的目的：全面分析企业经营的税务风险环境。

　　随着信息技术的应用、大数据时代的到来，互联网、云计算、大数据正逐步成为社会进步的基础设施，王军局长说过"大数据时代，谁能掌握好数据，谁能利用好数据，谁就能提高洞察力，占领制高点"。当前大数据时代的电子发票已经普及，基于全球信息自动交换标准的 CRS 正在实施，未来，一切信息都将暴露在网络之上，面对这一变化，纳税人也有必要进行适应性调整，充分考虑自身的经营风险及纳税风险。

　　我们写作本书，目的是指导企业提升自身的纳税遵从意识，从控制税务风险到通过自身的规范管理，建立和完善财税管控体系从而为企业创造价值。

　　本书的特色：以案说法，通过案例介绍税收政策与筹划方案。

　　笔者结合自身的工作经验，从实际案例入手，逐税种剖析税收政策及税收优惠，以案说法，以案筹划，为纳税人提供可供直接借鉴的税务工具。我们相信本书可以有效地帮助企业规范自身管理，系好税务风险的安全带，指导纳税人构筑防火墙。随着税收征管的加强，未来必将是适者生存，那么纳税人需要做的工作还有很多，路还很长。

我们相信在金税三期全面上线后，纳税人将有更多的税务风险引起税务机关的关注，我们广大纳税人也需要自觉遵纪守法，如实进行纳税申报。本书在编写过程中得到了广东省注册税务师协会的指导，以及广东税媒信息科技有限公司及其总经理程新涛先生的大力支持，在此深表谢意。由于编者水平所限，再加上时间仓促，虽竭尽全力，但疏漏与不当之处在所难免，恳请广大读者朋友批评指正。

目 录

第一章　企业税务风险及源头分析

税务风险是指企业在遵从税法时的实际表现与应该达到的实际标准之间存在差异进而导致损失的不确定性。本章介绍了企业税务风险可能存在的类型、税务风险的产生原因以及税务风险的来源。

第一节　税务风险与种类

一、企业税务风险

企业税务风险是指企业的涉税行为因未能正确有效地遵守税法规定，而导致企业未来利益的可能损失。但有业界学者认为，这一静态的定义并不能很好地揭示税务风险的本质。同时，这一静态的定义也不能反映当前国家大数据环境下"税收征管体制的动态监管，行业及跨行业关联数据比对模式下的本质特征"。所以，税务风险是指企业在遵从税法时的实际表现与应该达到的实际标准之间存在差异进而导致损失的不确定性，这样表述和理解可能更为贴近税务风险现实。

二、税务风险的种类

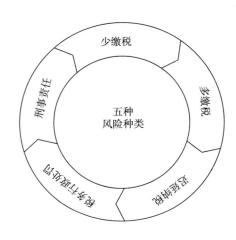

图 1 - 1 风险种类

（一）少缴税

企业在实务工作中遵从税法时，由于主观和客观因素，造成企业实际向税务机关申报缴纳的税额与税法规定应当缴纳税额而少缴的部分，如视同销售未申报纳税，政府补贴收入未计算纳税，关联交易价的不公允性，等等。在实务中，企业家及财税工作者对少缴税而存在的风险比较容易理解和计算，在税务机关追缴时也容易接受和认可。

少缴税，在实务中，企业应重点关注企业的实际"税负率"的波动及与同行业的波动以了解分析。

（二）多缴税

企业在实务工作中遵从税法时，由于主观和客观因素，造成企业实际向税务机关申报缴纳税款与税法规定应当缴纳的税款而多缴的部分。如免税收入计算纳税，应享受优惠而未享受优惠等情况。在实践中，企业家及企业财税工作者，往往容易忽视多缴税款而带来的风险，特别是少数企业家或财税工作者，总认为多缴税款是为国家多做贡献，不会带来企业的税务风险。在财税工作实务中，企业必须时刻关注税负高的形成因素。

（三）迟延纳税

国家现行的税收法规，非常明确地规定了纳税的环节及纳税义务发生的时间。由于企业实际申报纳税的时间与税法规定的纳税义务时间不同，往往导致迟延纳税的情况。迟延纳税，从较长时间看，企业并未少缴税款，但从税收征管入库的情况看，已影响税款的征收入库，导致不同时期企业或行业的税负水平的不正常波动。作为企业，应特别关注迟延纳税的情况，以免因税负的时间因素，误导企业的经营决策，同时带来税务风险。

（四）税务行政处罚

根据修订后的《税收征收管理法》规定，税务行政处罚有以下几个方面：

1. 罚款

罚款是对违反税收法律、法规，不履行法定义务的当事人的一种经济上的处罚。由于罚款既不影响被处罚人的人身自由及合法活动，又能起到对违法行为的惩戒作用，因而罚款是税务行政处罚中应用最广的一种。

2. 没收违法所得

没收违法所得是对违反税收法律、法规，不履行法定义务的当事人的财产权予以剥夺的处罚。在实务中，企业应特别注意以下两种情况：

（1）当事人非法所得的财产被没收。

(2) 财产虽然属于当事人所有，但因其用于非法活动而被没收。

3. 停止出口退税权

停止出口退税权是税务机关对有骗税或其他税务违法行为的出口企业停止其一定时间的出口退税权利的处罚形式。

4. 吊销

吊销税务行政许可证件，对私自印制、伪造、变造发票、非法制造发票防伪专用品、伪造发票监制章的由税务机关没收违法所得，没收、销毁作案工具和非法物品，并处1万元以上5万元以下的罚款；情节严重的，并处5万元以上50万元以下的罚款；对印制发票的企业，可以并处吊销发票准印证；构成犯罪的，依法追究刑事责任。

从税务行政处罚看：它不但给企业带来经济损失，同时，企业在目前诚信经营的环境下，将使得企业纳税信用降级，企业在一定期限内丧失了申请银行贷款、在新三板或IPO挂牌的资格及其他因纳税信用带来的不利影响。

(五) 刑事责任

刑事责任是对税务违法的当事人最严厉的处罚手段。

《税收征收管理法》第六十三条　纳税人伪造、变造、隐匿、擅自销毁账簿、记账凭证，或者在账簿上多列支出或者不列、少列收入，或者经税务机关通知申报而拒不申报，或者进行虚假的纳税申报，不缴或者少缴应纳税款的，是偷税。对纳税人偷税的，由税务机关追缴其不缴或者少缴的税款、滞纳金；并处不缴或者少缴的税款百分之五十以上五倍以下的罚款；构成犯罪的，依法追究刑事责任。

扣缴义务人采取前款所列手段，不缴或者少缴已扣、已收税款，由税务机关追缴其不缴或者少缴的税款、滞纳金，并处不缴或者少缴的税款百分之五十以上五倍以下的罚款；构成犯罪的，依法追究刑事责任。

第六十五条　纳税人欠缴应纳税款，采取转移或者隐匿财产的手段，妨碍税务机关追缴不缴的税款的，由税务机关追缴不缴的税款、滞纳金，并处不缴税款百分之五十以上五倍以下的罚款；构成犯罪的，依法追究刑事责任。

第六十六条　以假报出口或者其他欺骗手段，骗取国家出口退税款的，由税务机关追缴其骗取的退税款，并处骗取税款一倍以上五倍以下的罚款；构成犯罪的，依法追究刑事责任。

以骗取国家出口退税的，税务机关可以在规定期间停止为其办理出口退税。

第六十七条　以暴力、威胁方法拒不缴纳税款的，是抗税，除由税务机关追缴其拒缴的税款、滞纳金外，依法追究刑事责任。

第七十一条　违反本法第二十二条规定，非法印制发票的，由税务机关销毁非法印制的发票，没收违法所得和作案工具，并处一万元以上五万元以下的罚款；构成犯罪的，依法追究刑事责任。

《刑法》第 201～212 条，均是危害税收征管罪，对具体危害税收征管的行为运用具体的量刑。

从以上《税收征收管理法》《刑法》的规定分析，实务中我们归纳以下几点会构成刑事责任，其他情况均不会构成刑事责任。

（1）不做虚假凭证、账簿，不做假账，不隐匿或擅自销毁凭证、账簿，一般不会构成刑事责任。

（2）不做以逃税为目的转移或隐匿财产的。

（3）不骗取国家退税的。

（4）不用暴力、威胁手段抗税的。

（5）不做买卖发票的。

作为企业或纳税人，在生产经营过程中牢记这五大重点，是守住人身自由的底线。

第二节　实务中产生税务风险的因素

改革开放 40 年来，民营经济得到了充分的发展，市场经济坏境不断向好、日益成熟，特别是近 10 年来，民营经济得到高速发展，许许多多的民营企业已渡过了艰难创业期，逐步到成长期或稳健增长期；创业期简单粗暴的经营模式，给日后成长期带来了方方面面的税务风险。加之，近几年来，国家税制也在不断地变革，征管手段日益完善，信息技术在税收征管中的运用，让税收征管从传统的依靠企业的单据、账簿的检查核对发现问题，发展到依靠电子数据信息就能更及时、更准确、更快捷、更细化发现问题的动态监管时代。我们从以下几个方面看企业税务风险的产生情况，如图 1 - 2 所示。

一	发票因素
二	业务运作因素导致的税务风险
三	账务处理带来的税务风险
四	由于企业家或财务人员主观意识而带来的税务风险

图 1 - 2　税务风险的因素

一、发票因素

由于市场环境及企业的经营行为等诸多原因，造成企业在业务过程中难以取得合法的票据（通俗地理解为"发票"）。

（1）市场主体因素。很多个体或个体经营者，由于自身的经营状况，业务量也不大，许多零星业务，都不愿意开具发票。同时，为了控制在小规模纳税人标准以内，宁愿从价格优惠上给客户，也不愿意开具发票以便带来税收上的压力。

（2）业务经办人员本身因素。企业的业务人员无法判断不开票的价格优惠与开票增加的业务支出及税务风险孰重孰轻，甚至有许多业务人员认为个体户（个体经营者）就是无法开具发票，更不用说开具专用发票，而个体经营者也无法承受聘请专职的能胜任财税工作的会计人员专门负责业务票据的开具。

（3）企业家自身的财税基本知识不足，对企业财税风险意识不强，只是一味强调少支出为优的经营思维，所以在业务环节中发票取得控制不严，要求不当，待问题出现时，出现了"头痛医头，脚痛医脚"的普遍现象。

（4）税制的改革频繁，企业对旧的规定还未全面了解掌握，新的规定已经出台，更不用说税制变化给企业业务票据取得带来的影响，以及票据取得对企业整体财务会计核算上带来的影响或困局，而只是一味地要求会计人员在账务上做调整，从而出现账证不符或"内外账"的普遍现象。

以上种种因素的制约，当企业面对纳税申报时，要么承担较高的税负，要么根本无法顾及税务风险，做了很多的不实申报。更有甚者，为了取得发票，从不法分子手中买入发票，以致出现前几年市场上许多的买卖发票的乱象。特别是增值税专用发票，因为增值税专用发票有进项抵扣的功能，给企业误认为买入付出的代价远远低于进项抵扣所带来的好处，同时，也给不法分子带来了不法利益，甚至经常出现当税务机关发现虚假发票时，企业还在争执这是正规的从税务机关买票开具的发票。即误认为只要从税务机关购票的空白发票，不论企业是否存在真实交易及开具内容是否全面、真实、准确，都认为是正规的发票。在这种错误的认识下，给买卖发票的不法分子有了可乘之机，赚取了买卖发票的利益，同时，在不顾或不懂税务风险的情况下，企业铤而走险，获取违规的税收利益。

所以，当前税收环境下企业的税务风险，最大的问题、最难解决的困局就是

如何合法合规取得发票的问题。

二、业务运作因素导致的税务风险

企业在实际经营过程中票据的取得，是以企业的业务种类、业务流程、业务发生的时间、业务结算的时间为基础的，即业务模式决定了票据的开具，也就是业务模式决定了纳税义务。

（一）业务的种类或形式

业务的种类或形式决定了企业应交什么税，即在税法适用上，业务决定了适用的税种及税目，不同的税种、税目所适用的税率可能不同，从而直接影响了企业的应纳税额。如：某设备自动化公司，公司从产品设计、研发、制造、安装到设备运行交付给客户，设备价款包含了各个环节所有的支出，最后以设备销售总价卖给客户，在此模式下，公司设备销售适用16%的税率进行计算。如果公司将安装费用单独计价，不包含在设备的价款中，则安装费用可选用"甲供材"的简易征收，按征收率为3%进行计算纳税，从而降低企业的实际税负。又如某公司是专门生产制造家用定制木门的生产制造企业，其业务开展在全国各大家具用品市场设有专卖店，各专卖店负责按客户选定的型号款式，上门测量绘制图纸给工厂统一加工制作，然后专卖店负责安装，统一由工厂开具发票给客户收款，工厂按销售业绩返点给门店。在这一业务模式下，工厂以销售价按16%的税率计算纳税，如果公司将各专卖店按装饰企业单独计价报税，工厂按制造环节销售价即可降低，专卖店以装饰企业、以设计及安装价格适用3%的税率计算纳税，从而降低了企业的整体税负。

（二）业务流程上

传统的税收征管模式下，企业在纳税申报期内进行纳税申报，纳税申报期过

·8·

后开展税务稽查，基本能满足基层税务机关税收监管的需要，也能满足国家财政收入的需求，基层税务机关也能足额地完成税收征收的任务，征纳双方基本相安无事几十年。在这种模式下，税务机关基本上不研究企业的生产工艺流程，很少深入企业的生产车间去观察产品的生产过程，不知道产品是怎么生产出来的，更不研究生产一件产品需要消耗多少原材料、水电和人工，不掌握企业的投入产出比对企业真实的产品成本水平心中无数，给企业特别是生产加工企业虚增成本留下了很多操作的空间，也为企业未来埋下较大的税务风险隐患。

三、账务处理带来的税务风险

很多企业由于内部监管不力，企业老板对财务没有高度重视，单纯依靠财务人员进行会计处理工作，而财务人员由于个人的会计处理能力不足，或者由于部门之间的配合各方面因素，发生采购、生产、销售等不入账，入错账，不及时入账，导致账实不符，账表不符。在企业持续经营的环境下，堆积的问题越来越多，加之财务人员的流动，后来接手的财务人员无法入手清理过往的问题，由此导致税务检查或评估时，无法提供单证去解释或推理账务处理的合法性、合理性、真实性、准确性及全面性，从而导致税务风险。

四、由于企业家或财务人员主观意识而带来的税务风险

在实际业务处理过程中，由于税收支出导致企业效益受到影响，企业家及其财务工作人员没有重视"依法纳税"的全面落实，不懂得纳税申报、税务检查与评估的征管要求，误认为向税务申报并按申报金额缴纳税款，即为税务机关经确定或认可其申报数据。同时，申报时，存在能不申报尽量不予申报，能迟延申报就拖延申报。更有甚者，为了少报税，设立内、外账进行处理，这势必造成了企业的账务数据肯定和银行资金往来数据、上下游企业数据、企业的投入产出比

等不吻合的现象。当企业面临税务评估或检查时，无法自证真实，甚至以应付的态度，没有从内部规范的高度去要求自身，最终导致税务风险越来越大，甚至严重影响企业的生产经营。

第三节　税务风险的源头分析

一、来自于税务体制

（1）税务机关在现行的征管体制下，由于纳税人依法、真实、全面进行纳税申报的意识不强，在现实征管时，时常要求企业必须达到一定的税负水平，这样误导了企业或财务工作人员认为只要达到申报时的税负水平，即化解了税务风险。

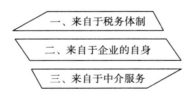

一、来自于税务体制

二、来自于企业的自身

三、来自于中介服务

图1-3　源头分析税务风险

（2）在原国地税分管的税收征管模式下，由于国地税分税种进行管理，纳税人往往出现在国税或地税已经申报，而在另一机关未进行申报或申报数据不符的情况。特别是，在税务评估环节，只针对单一税种进行评估自查，对评估自查结果也只针对单一税种进行补申报，没有从企业的实际交易事项进行全面的自查自纠，同时针对所有税种进行申报。这一点虽然国地税已合并，但合并后才发现过往存在以上问题时有发生。在此不得不再三提醒纳税人对过往的税务风险排查与未来税务风险防范同样重要，千万别存有侥幸心理。

（3）由于我国各地的经济发展状况不同，导致了税源不同，有的地方如经济发达地区、税源充足，而有的地区税源不足。在征管实务中，个别地区为了完成税收任务，对各行业的税负水平控制存在差异，税收的追缴力度也就理所当然不同，导致企业在纳税申报时只求过关，而未去全面要求企业依法依规申报。

（4）由于现行的增值税的税法结构是按销项税额减去进项税额，以计算缴纳增值税，由于现行税制下，企业许多支出无法取得进项专用发票或抵扣不完整。

其主要体现在：

第一，企业创新或技术含量越高增值就越大，而大量的创新研发支出又无法取得合理、合规的进项专用发票，导致税负较高，从而影响企业创新的积极性。

第二，由于企业用工的工资支出，无法取得进项专用发票，导致企业用工越多，也就是说解决就业越多，税负就越高，在劳动密集型的企业中，税负往往成为压死企业的最后一根稻草。

第三，现行增值税的法规体制下，营改增还存在很多不完善的环节，如：餐饮发票，企业贷款支出尚不能抵扣，导致企业实际的业务招待支出，经营性贷款的利息支出不能抵扣，导致资金密集型企业的税负容易偏高。

二、来自于企业的自身

（1）企业的税负水平最关键的取决于自身的商业模式和企业经营主体选择是否财务独立核算，税务独立申报的模式。在机械制造企业中，企业以制造为主业，同时兼营设计、开发，也进行安装、调试服务，在企业核算主体选择财务核算模式势必影响企业的纳税税目的正确选择，且企业商业模式的运营导致企业税负偏高。

（2）企业内控体系不健全，在采购、生产、销售各环节，根本就没有财务参与或评估不足，导致企业的税从高适用税率，或导致财务内部资料缺失等现象大量存在。在目前国家征管体制不断健全的形势下，企业自身的财务会计的基础工作要加紧规范和健全，强化财务人员素质，把财务规范的要求落实到企业采购、生产、销售、研发及售后服务各个环节已势在必行；企业家过往一直埋怨税负高，税收压力大，税务风险无处不在成为社会的普遍现象，但企业家彻底改变纳税意识的同时，必须明白"打铁还须自身硬"的深刻道理，真正从规范企业内部管控体系入手，在企业业务流程中完善财务核算资料上下功夫，从而降低企业税负，化解企业税务风险。

（3）企业家及管理层的投资、消费习惯也在一定程度上影响企业纳税，如：开始进入稳定期的企业，经过一段时间的经营和业务发展，产生了一些甚至较多的现金盈余，企业家在没有扩大自身业务欲望时，往往用这部分现金对外进行投资，特别是投资一些"初创型行业或新兴行业"。这些行业往往风险很高，若以企业的名义（但现实中企业剩余的这部分资金，老板都愿意以个人的名义投资）进行投资，当投资项目发生亏损时，投资损失可以抵减企业利润，降低企业所得税税负。另外，在管理或业务部门，特别是老板自己，工作用车辆，均以使用人名义购买，而不是公司配备公车，这势必影响企业进项减少及成本费用的降低，甚至出现费用开支不合理的现象（如账面资产没有车辆也没有租用车辆，而费用开支存在大额的汽油或柴油支出）从而增加企业税负，加大企业的纳税风险。

三、来自于中介服务

最近几年，国家税收体制变化多，政策出台频繁，各项补贴、税收优惠措施不断，在给予企业得到实质性的优待同时，也给企业增加了对各项政策的了解、掌握及实际运用的压力。由于企业自身财务人员的素质未能及时去学习了解相关政策，社会上就出现了形形色色的中介服务机构。中介服务机构为了招揽业务往往又打着"一站式服务"的招牌，让企业选择时造成盲目性，甚至企业家在利益的驱动下，为了节省开支未能充分去考察了解中介服务的胜任能力，而导致中介服务不到位或考虑不全面，给企业带来各式各样的风险。特别是税务风险，从而让许多企业感觉到政府或税务局经常"秋后算账"的普遍现象。

其主要体现在：

（一）中介的专业胜任能力及服务态度

有许多中介其实只能胜任某一专业服务，但在招揽业务时，均给企业全部包揽其他各项业务，如知识产权代理机构，同时承接高新技术企业审计、研发加计扣除台账辅导等各项业务；知识产权代理机构往往未能配备有专业处理能力的会计人员，而导致账务不合理，财务指标不匹配等现象。同时，在出现问题时，中介服务只追求自身申报的完成，收取服务费为目标，根本没有从企业的实际情况去评估事后的风险。所以企业家在选择中介机构时，要对"一站式服务"、中介服务的专业能力评估及企业自身的事后风险等因素作出准确的判断，而不能在一时逐利或怕麻烦的情况下作出错误的委托。"专业的事情，由专业的人去做"的道理很简单，真正做到需要企业家的智慧，当风险出现时后悔晚矣；一味埋怨政府机关的"秋后算账"毫无益处。

（二）中介的落地方式和服务质量

中介服务机构在为企业提供专业代理服务时，由于单纯从某一事项去考虑，其服务方式只求某一事项的申请是否成功，而未考虑事后企业的规范及掌控，甚至为了单一事项的申请成功弄虚作假，导致最后财务数据与申报数据严重不符。如伪造专利、虚假申报高新企业，而企业实际根本不存在研发立项，极少甚至没有发生研发支出，在财务数据上难以归集研发支出，导致财务数据失实，但虚假台账经不起税务机关的审查，从而导致税务风险。

第二章 "金三"下的税务风险管控

现在已经是金税三期了，我们都用大数据去分析企业的经营行为、适应度，企业交的税及企业经营情况；还有同行业的税负分析，看你是否匹配。如果一个企业交的税很多或者很少，与你的同行相比有比较大的差异的话，那么就会引起税务局关注，不仅会成为你公司的上市构成实质性的障碍，在日常经营当中也会有很大的风险。那么，什么是"金税三期"？"金三"是怎样做到税务风险管控的呢？

第一节 "金三"（金税三期）及其特点

为有效防止不法分子利用伪造、倒卖、盗窃、虚开专用发票等手段进行偷税、骗税、逃税的违法犯罪活动，国家决定在纸质专用发票物理防伪的基础上，引入现代化技术手段强化增值税征收管理。1994年2月，国务院召开专题会议，指示要尽快建设以加强增值税管理为主要目标的"金税工程"。会议同意利用中国人民银行清算中心网络建设交叉稽核系统，同时指出，防伪税控系统要先试点、后推行。为组织实施这项工程，国务院成立了国家税控系统建设协调领导小组，下设"金税工程"工作办公室，具体负责组织、协调系统建设工作。当年下半年防伪税控系统和交叉稽核系统开始试点，"金税工程"正式启动。

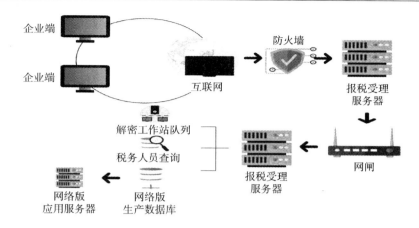

图 2-1 金税工程

相对于以往的金税系统,金税三期的功能更加强大,运行更加顺畅,内容更加完备,流程更加合理。其中,最重要的是实现国地税和其他部门的联网。因为此前地税很多并未使用金税系统,所以此次地税系统的工作量最大,涉及大量数据的移库和操作培训。为了尽可能减少对纳税人的影响,税务机关将按照新系统的要求,对现有数据进行大量的清洗和录入工作,向纳税人进行核实、补录信息。简单来说,金税三期后,全国统一了税收征管及相关税务系统软件,不再是各省各自为政,减少数据利用的难度。

那么,金税三期具有哪些特点呢?

一、系统构成

"金三"就是一个功能非常强大的税收征管系统,包括管票与管税的两大系统。

二、"金三"总体目标:如图 2-2 所示

根据一体化原则,建立基于统一规范的应用系统平台,依托计算机网络,总

局和省局高度集中处理信息，覆盖所有税种、所有工作环节、国地税局并与有关部门联网，包括征管业务、行政管理、外部信息、决策支持四大子系统的功能齐全、协调高效、信息共享、监控严密、安全稳定、保障有力的税收管理信息系统。就是要建立"一个平台、两级处理、三个覆盖、四个系统"总体目标。

图2-2　总体目标

一个平台（网络硬件和基础软件）：一个平台指包含网络硬件和基础软件的统一的技术基础平台。

两级处理（总局和省局）：两级处理指依托统一的技术基础平台，逐步实现数据信息在总局和省局集中处理。

三个覆盖（所有税种、所有工作环节、税局及相关部门）：三个覆盖指应用内容逐步覆盖所有税种、覆盖所有工作环节、覆盖国地税局并与相关部门联网。

四个系统（征管业务、行政管理、外部信息、决策支持）：四个系统指通过业务重组、优化和规范，逐步形成一个以征管业务系统为主，包括行政管理、外部信息和决策支持在内的四大应用系统软件。

三、"金三"的本质

（1）"金三"的穿透力太强。即对纳税人进行"CT"扫描体检。

（2）"金三"是系统化、规范化和流程化的税收治理。

（3）"金三"实质上就是税收强制规范。

（4）"金三"是"神马"。"神"到完全颠覆我们传统的税务管理思维，

"神"到让税务坐享其成，"神"到让企业深感恐怖。

"金三"到底有多强大？具体表现在哪些方面？

一是运用先进税收管理理念和信息技术做好总体规划。建立基于信息管税的税收管理模式，以纳税人关系管理为核心，把纳税人价值获取作为建设和发展方向。遵循顶层设计、业务导向、架构驱动的建设模式，紧紧围绕税务业务发展方向，从全局角度审视、设计工程体系框架。

二是统一全国征管数据标准和口径。通过税收源数据和代码集的属性定义和标准规范，实现税收征管数据的"法言法语"，保证数据项标准、口径的唯一性。

三是实现全国征管数据大集中。采用"应用省级集中，生产数据在省局落地，然后集中至总局"的模式，并建立第三方信息共享机制，实时、完整、准确地掌握纳税人涉税信息和税务机构、人员情况。

四是统一国地税征管应用系统版本。面向税收业务、行政管理、外部交换和决策支持四类应用，设计并搭建一体化技术和应用环境，实现全国国税局、地税局征管应用系统的版本统一，为消除国税及地税业务办理间的障碍奠定了基础。

五是统一规范外部信息交换和纳税服务系统。构建全国统一的外部信息管理系统和交换通道，形成以涉税信息的采集、整理和应用为主线的管理体系，为风险管理提供外部信息保障。

六是实行遵从风险管理。引入先进管理理念，将提高纳税遵从度作为税收管理的战略目标。一方面，构建分类分级管理和技术框架，对纳税人实行分类、分级管理；另一方面，按风险分析、排序、应对、评价的流程建立国、地税一体化遵从风险管理平台。

七是加强管理决策。实现税收数据的查询、监控已经深层次、多方位地分析和挖掘、督促、检查、监控税务人员服务、管理和执法全过程，为各级税务机关税收决策提供依据。

八是支持个人税收管理。建立承担纳税（费）义务的自然人信息库，覆盖个人所得税及社保费的核心业务，实现全员建档、数据全国集中和信息共享。

九是强化数据质量管理。全面贯彻数据治理理念，通过事前审核监控、事后纠错调整和补偿业务等方式，及时更正数据差错，确保数据质量。

企业经营过程中，税收信息都体现在纳税申报表中，纳税申报表是非常重要的。我们在做上市的时候，证监会对原始报表是有明确规定的，IPO 申报企业的原始报表是报送税务机关的纳税申报表，审计师要对原始财务报表与申报财务报表的差异，及主要税种纳税情况出具专项鉴证报告，主管税务机关还要出具申报企业纳税情况的证明。所以说，在企业经营中，要特别注意税收计缴的合规性。

第二节 "金三"如何管票（"五严"的管票手段）

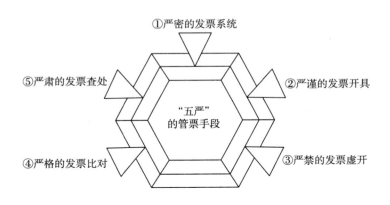

图 2-3 "五严"

一、严密的发票系统

"金税三期"具有强大的预警功能，系统可以根据国地税局的大数据系统自动预警，税务机关可以通过发票的轨迹，清晰掌握企业的每一笔款项的进进出出，因此没有实际发生业务而随便找来的发票凑数也将一目了然。对于那些没有实际业务而是通过到处找发票报销抵扣的单位要注意了，随着国家税务总局的"金税三期"系统上线，这种行为将被系统自动识别。

二、严谨的发票开具

增值税专用发票应按下列要求开具：

（1）项目齐全，与实际交易相符；

（2）字迹清楚，不得压线、错格；

（3）发票联和抵扣联加盖发票专用章（不是财务专用章）；

（4）按照增值税纳税义务的发生时间开具。

不符合上列要求的增值税专用发票，购买方有权拒收。

三、严禁的发票虚开

国税金三系统监测专用发票系统的大概流程如下，现在只要开完一张发票，则开票数据就已经被开票系统上传到国税的临管系统，国税可以一目了然地看到开票内容。

虚开发票后果很严重：

（1）根据中华人民共和国国务院令第 587 号《国务院关于修改〈中华人民共和国发票管理办法〉的决定》第三十七条规定，违反办法第二十二条第二款的规定虚开发票的，由税务机关没收违法所得。

（2）虚开金额在 1 万元以下的，可以并处 5 万元以下的罚款；虚开金额超过 1 万元的，并处 5 万元以上 50 万元以下的罚款；构成犯罪的，依法追究刑事责任。

四、严格的发票比对

"金税三期"大数据的发票比对的情况：

（1）开具发票的进项、销项的品名是否严重背离，即品名比对。

（2）公司的实际经营范围与对外开具发票的项目进行比对，从而发现是否存在"变名虚开"的问题。

（3）购货发票的开票单位与发票上的货物实际来源地比对是否一致。

（4）纳税系统申报的销售与开票系统中的开票销售额是否比对一致。

"金税三期"大数据的其他事项比对的情况：

（1）个人所得税工资薪金所得与企业所得税工资薪金支出、社会保险费缴费基数、年金缴费基数、住房公积金缴费基数是否匹配。

（2）同一企业的同一纳税人一年内多次适用年终一次性奖金的计税政策。

（3）分别按法人、财务负责人、办税人员、主要管理人员的证件号码，对同一人员、主要管理人员重合，及交叉任职等情况进行分析展示与比对。

（4）个人股东发生股权转让行为，是否按照《关于发布〈股权转让个人所得税管理办法（试行）〉的公告》的规定改造相关报告义务，股权受让方是否按规定履行股权转让所得个人所得税代扣代缴20%义务等情况的比对。

（5）财务报表利润总额与企业所得税申报表的利润总额是否比对一致。

五、严肃的发票查处

税务局的大数据评估及云计算平台。

企业的任何事项均会留下记录，金税三期的大数据，也会追踪企业的资金流、票据流等。只要大数据系统将企业纳税人识别号作为起点，追查同一税号下进项发票与销项发票，企业是否虚开发票了，以及是否购买假发票入账，其实一目了然。

开票软件已经增加了商品编码，为下一步企业开票的货物流监控预留接口，买虚开发票冲进项的年代一去不复返。

五证合一后，税务、工商、社保、统计、银行等接口，个税社保、公积金、残保金、银行账户等在税务系统里面一览无余。

金三上线，企业的违规被查风险确实增大，掩耳盗铃式的反舞弊手段失灵，一批靠偷漏税的企业，要走向死亡。

注意：大数据上线没多久，已经很多企业栽了！

最近几年去税局办税的话，你会发现，找专管员需要排很长时间的队，很多企业都是被国税总局风险评估后识别出企业抵扣的进项发票有问题，要求企业自查后去税务局进行增值税进项转出的。大数据上线后，补税务局预警后评估稽查的企业，结果是交回抵扣的税款，并收漏缴税款 0.5～5 倍的罚款，还有每天万分之五的税收滞纳金。

现在，金税三期大数据上线，税务局系统升级后只要动态数据比对不符，税负率偏低，系统会自动预警，税务局评估科的人员会马上打电话给企业，让企业拿三年的账交过去进行查账，后续的麻烦就不是当初抵扣的那点税款可以解决的。

国家税务总局公告 2016 年第 76 号，对走逃（失联）企业开具增值税专用发票的情况进行了明确说明，每个人都要看一下！

商贸企业购进、销售货物名称严重背离的；如大量购进纸张，大量开具劳保用品发票。

生产企业无实际生产加工能力且无委托加工的；公司就在一个写字楼里面，开具的发票却是大量的建材发票，建材来自哪里？天降吗？

生产能耗与销售情况严重不符。一个月水电费才 1000 元，光 LED 屏幕销售竟然达到 1000 万元，请问你们公司的机器烧的是空气吗？不耗电吗？

购进货物并不能直接生产其销售的货物且无委托加工的。购进的是办公用品，生产却是 LED 屏，用纸可以造电子产品吗？

直接走逃失踪不纳税申报。比较"土豪"，税务局我不怕你，我就是不报税，看你咋样？

虽然申报但通过填列增值税纳税申报表相关栏次以规避税务机关审核比对，进行虚假申报的。这是真会"税务筹划"，还是问问自己吧，涉及金税三期的人，也是税务高手啊！

切记：这三种情形下的发票风险最大，切记！

（1）向甲方购物，通过甲方介绍或者同意甲方的安排，接受乙方开具的发票（接受第三方开票）；

（2）购买甲商品，开具乙商品的发票（改变商品名称开票）；

（3）没有购物，直接买发票（完全虚开发票）。

金税三期上线之后，连税务局专家都直呼，以后征税终于可以使用信息化手段了，一个偷漏税时代终于结束了！

案例发生在美丽的南宁，是一个因为税负率偏低，被税务预警，然后被查处的案例。

是买发票的因为上游被查了，自己连带被查。

【案例】2015 年 7 月，安徽省安庆市国税局稽查局给南宁市国家税务局发的协查函，安庆市一个棉业有限公司在没有真实货物交易的情况下，开具了一批增值税专用发票，该批发票的受票方正是某纺织公司。

提示：

金税三期之后，税务严查增值税专用发票虚开，只要你买过发票，至少上推 5 年前买过，都随时可能因为开发票的一方被查，而追查到你！

票贩子买的发票，账务处理露下马脚。

棉业公司按当时皮棉每吨约 1.5 万元的市场价，将这批货以价税合计

1011.31 万元的数目挂在"应收账款——某纺织公司"的明细账上。而之前,安庆市一棉业有限公司已按一份发票 300 元的价格,向某纺织公司收取款项,完成了交易。

第三节 金税三期是如何管税的(十大管税手段)

图 2-4 十大管税手段

一、发票管税——"以票控税"是中国特色

以票管税是指利用发票的特殊功能,通过加强发票管理,强化财务监督,对纳税人的纳税行为实施约束、监督和控制,以达到堵塞税收漏洞、增加税收收

入、提高税收征管质量的目的。

从发票的原始功能谈起，发票是购销商品，提供或者接受服务以及从事其他经营活动中，开具、收取的收付款凭证。在商品生产和商品交换过程中，发票是最普遍、最大量的商事凭证。按照财务制度的制定，一切从事生产经营的单位和个人记录经济业务，反映财务收支，严格财务制度，均须以发票作为法定的原始凭证，而加强会计核算，严格财务制度，不仅是纳税人改善自身经营的需要，同时也是法律规定纳税人应尽的义务。《税收征管法实施细则》第十七条规定，从事生产经营的纳税人应当依照征管法第十二条规定，自领取营业执照之日起15日内设置账簿。第十八条规定，确无建账能力的个体工商户报经县以上税务机关批准，可以应当按照税收机关的规定，建立收支凭证粘贴簿、进货销货登记等账簿。有了这些规定和前提，就使发票像链条一样，在社会经济生活的每个细胞之间建立一种相互制约、相互监督的内在联系。

（1）开票才交税，取票才抵扣。这是目前财税实践中"以票管税"的真实状况，但也存在一些问题。由于纳税人的客户性质不同，出现特定行业用票量少，同时仅以开票确认纳税，与会计的"权责发生制"原则容易产生差异，给税会差异确认带来实际工作的麻烦，所以仅靠"以票管税"难以实现。

（2）源头取票难，简易征收或直接计算抵扣来解决。来自自然资源的材料或农、林、牧、渔等产品按简易征收，下游直接计算抵扣（农业生产者销售自产农产品是免征增值税，免征蔬菜流通环节增值税）。

（3）终端消费不用票，刮号摇奖见效微。在面对终端消费者的商家，消费者不用发票，也不会去关注商家是否纳税，仅靠"以票管税"的方式。对这部分纳税人难以收到实效，还应借助"金三"对接的外部信息比对才能解决。

（4）网络消费不用票，网络刷单套路深。截至目前，实际征管环节，网络交易尚未真正落实按网络交易额进行纳税申报，但数据"金三"已可以随时掌握，日后是否按网络交易来确认纳税义务，对网上交易将是严峻的考验。只要真正落实网络交易信息与纳税信息比对，网络刷单现象才不敢轻举妄动。

二、信息管税——信息化是生产力，是现代化

信息管税就是充分利用现代信息技术手段，以解决征纳双方信息不对称问题为重点，以对涉税信息的采集、分析、利用为主线，树立税收风险管理理念，完善税收信息管理机制，健全税源管理体系，加强业务与技术的融合，进而提高税收征管水平。

信息管税的作用在于强化税源监控，堵塞征管漏洞，推进执法规范，提高工作效率，利用科技手段为纳税人遵从履行纳税义务提供便利，引导纳税人自我修正履行纳税义务过程中出现的偏差，防范和化解不遵从风险，把信息资源优势充分释放出来，达到信息增值利用的目的，实现税收管理的科学化、精细化目标。本书认为，信息管税是对传统征管方式的革命，是税收征管工作实现自我超越的一次战略调整。形成四位一体：税收分析、纳税评估、税务稽查、税源监控。

三、流程管税——通过流程化实现强制规范化

流程管税，完善征管程序，通过流程化实现强制规范化。按新的征管理念和目标、完善纳税人自主申报、税务机关受理、评估、征收、稽查、救济的征管基本程序。

四、数据管税——你的数据还是你的数据吗

数据管税是一种以"大数据"和"互联网＋"作为实现税收治理现代化的重要抓手，在税源管理、税种管理、模型建设和税收分析等方面进行税收管理的一种手段。

五、逻辑管税——没利润企业还在经营

长期亏损的企业还在经营，为什么？你在问，我也在问，税局也在问，如何解释？是否合理？若要如何，全凭企业自己。

六、技术管税——技术将不断深化应用

电子发票，奠定信息管税技术基础。目前，我国电子发票已在广泛应用。根据纳税人的电子发票数据，税务机关可对企业的发票使用和经营情况进行全面监控。

七、系统管税——把握"税系统"

国家税务局实现实息管税、进行模型分析、建设思路、工作流程等进行比较和梳理，对我国各系统信息管税工作体系搭建具体的对策方案。

八、评估管税——纳税评估才是真正的恐怖

纳税评估具体是指运用信息化的手段对纳税人的信息做以考核，分析其真实性，依据考核结果对纳税人依法纳税的过程进行总结评价，进而提出相应的处理意见，起到规范行业准绳作用的综合性管理工作。完整的纳税评估工作流程分为纳税评估信息的采集、纳税评估对象的选定、评估分析、核实认证、评定处理五个环节。全面掌握涉税信息是有效进行纳税评估的关键，采集的内容既要包括税务机关内部信息，也要包括税务机关外部的涉税信息，例如来源于其他行政管理机构、银行或行业管理部门提供的综合治税信息以及来源于媒体、互联网等信息

载体的有关资料。当前，纳税评估工作已然依赖计算机网络，智能化分析为手段，指标分析和综合分析相结合，对评估客体的各项涉税指标进行比较和分析、处理。纳税评估人员依托计算机征管网络中该企业的相关信息，结合日常对所分管纳税人的情况掌握，与上年同期、历史同期和行业指标等进行分析比较，找出明确的评估疑点。"评估管税"必将成为税务机关日后落实"动态监管、实时监管"的重要手段。

九、稽查管税——精准稽查将不断扩展

税务稽查是税务机关代表国家依法对纳税人的纳税情况进行检查监督的一种形式。具体包括日常稽查、专项稽查和专案稽查。简而言之，两者之间是防与治的配合关系。纳税评估实现了对纳税人企业的动态核查评估，对企业实施税务违法的行为进行了威慑，减轻了税务稽查工作的压力，保障了税务工作各环节之间的信息互动。真正推动"依靠信息，落实精准稽查；稽查信息充实和完善"金三"已获取的信息"的良好局面。

十、制度管税——未来的税企关系突破了个人关系

以制度建设为基础，让税务局与企业关系突破个人关系。制度管税的核心是内控机制，内控机制是指一个组织为实现自身的目标，保证其管理或者经营活动的经济性、效率性和效果性，由决策层、执行层、操作层共同参与，对内部业务流程进行全过程监控而制定和实施一系列政策、程序和措施的过程。未来的税企关系突破了个人关系。落实好制度管税，才能把国家提倡的"把权力关进制度的笼子"在税收征管得到全面贯彻，为构建新型和谐的征纳关系，提高纳税遵从度打下牢固的制度基础。

十一、"金三"下的税收内在关系

(一)"金三"下的税收内在关系

1. 增值税原理与数理分析

增值税应纳税额 = 当期销项税额 − 当期进项税额 − 上期期末留抵。可以看出，增值税是通过环环抵扣，以实现对每一环节的增值征税，但在财税实践中，每一环节难以取得进项的支出，将会导致多交增值税，所以对增值税的税负分析，如何实现税负的转移和各环节的税负均衡，是财税规划重中之重的任务和工作。为了做好这一工作，先明确和了解"税负"的几个概念：

（1）行业税负。根据各行业纳税人的申报数据，系统通过各级汇总会得出各行业的税负水平，作为特定纳税人不但要关注整体的行业税负，也要关注行业的区域税负。税负是一个动态的监管指标，不是固定的或税务机关规定的，在"金三"系统中会根据各项信息设定行业在各区域的预警税负值，若特定企业超出设定的预警税负区间，系统会自动预警，征管人员将根据系统提供的信息，通知纳税人解析或评估预警情况。

（2）生产周期税负。在征管系统中没有这一概念，编者依据实务经验而得出，在生产周期长的企业中，由于生产周期，而产生税负的波动，造成系统预警，企业只要提供真实充分的资料进行解析，充分合理地论证波动的原因，虽然预警也不等于要承担税务风险责任。

（3）企业总税负概念。总税负率一般是指特定企业所有缴纳的税金，包括增值税及附加税，印花税、企业所得税等的总和，占特定企业的营业收入的比例。这一概念的引入，是为了给后面提出规划时，在每一环节每一系统及流程规划时，不要只顾单一税种的税负降低，而是要在企业总税负降低的立场和角度看问题出方案；在税种之间的税负"此增彼减、此减彼增"的情况必须统筹兼顾，才能真正实现规划效益，化解税务风险。

（4）抵扣链条。增值税是以增值额为征税对象，实行商品或货物流转过程中每个环节只要有增值即要征收税款，而上一环节的销项税即为下一环节的进项税，因此，每个环节就形成抵扣链条。而链条断裂就是流转到某环节，其上一环节销项税到本环节不得抵扣。这一抵扣链条告诉我们，如何规划生产环节及流程，如何利用产业链之间的结转实现税负转移或税负均衡，如果把特定环节规划得太多无法取得进项的支出，这必然造成税负太高，甚至被税负压垮企业。在确实税负太高的行业，如劳动密集型的传统产业如果能转移至有地方财政支持或财税返补，从而间接地降低企业的实际税负。

（5）合理税负。税负率有理论税负率和实际税负率，税务规划必须是一种合法行为，纳税人从自身经济利益最大化出发进行税务规划是客观存在的，也是合情合理的，但所有的税务规划行为必须符合法律法规，不得出现违法行为。也就是说，"规划有度，不以获取税收收益为主要目的"的合理性，从合理的商业利益去分析把握企业"合理税负"的区间；并设定自己的"税负"预警值，并得到充分的贯彻和执行。

2. "金三"对增值税、企业所得税及个人所得税的制约作用

在这里，关键词有：发票，投入产出比，行业平均数据，内外账；"金三"系统落实"以票管税"，其实也就制约或影响年度的企业所得税及利润分配环节的个人所得税。在企业所得税法规中，尽管可扣除项目未必均可取得发票，但大部分支出如货物及服务必须取得正规的发票，不合法的票据必定影响应税所得额，也必定影响可供分配利润，同时，给企业所得税及个人所得税带来税务风险。

当然，在计算企业所得税时，成本结转必须与企业"投入与产出比"相关，目前"金三"还无法实现系统的投入与产出的比对，但作为企业的财税风险管

控时必须将"投入与产出比"纳入体系之中，为了能更好地实现企业投入与产出与金三税务预警相一致。特定企业在存货管控时，可以在存货明细分类之前，按"金三"发票系统的税务分类，这样为企业财务核算数据在纳税申报前实现自我税务预警，打下牢固的基础。当会计核算基础做实，票据管控做严，那内外账就能逐步在自我规范的基础上消失。

（二）我国税收现状与"金三"下的税收环境总体要求

1. 目前我国税收现状

税制结构逐步合理，"营改增"的完成，扩大了增值税的抵扣链条，为准确计算增值税、公平税负打下了政策基础。但抵扣不充分、税率设计偏高是有内在因素的影响，造成虚增、虚降、虚开发票的偷逃税是我们见怪不怪的问题。两套账的普遍存在，"阴阳合同"的手法在各行各业仍然存在，这些现象造成了税源的流失，使税基扩大受到限制。个人所得税法的修订，扩大小型微利企业的所得税优惠、提高增值税起征点、提高一般纳税人的销售额度等措施的出台，均已体现出国家在宏观税制改革的总体要求：即"宽税基、简税制、低税率"。

2. "金三"下的管控系统

那税务局如何监控呢？税务征管体系又是如何去实现国家宏观税制改革的"宽税基、简税制、低税率"的总体要求。依靠"金三"系统的十大管税手段，逐步建立和完善微观管控目标，即构建和形成"严征管、细评估、重稽查"良好局面。同时，落实"预警税负"，预警税负是按照某一行业，正常经营会有一个税负的区间，这个区间就是正常税负值，超过这个区间就是预警税负期间了。预警税负是用来监控企业是否逃税的重要依据，企业可以通过关联交易控制税负，调节利润，通过预警税负就可以指导正常交易应有的税负，从而防止税款流失，一般税务局使用预警税负监控和落实征管措施。

对特定企业来说，"金三"下的税收环境，是一个"大数据"和"信息管税"的时代，也是一个"强制规范"和"风险倍增"的时代，更是一个"税收风险预警"和"税务规划"的时代。既然税务机关可以利用"税负预警"来监控企业，则企业也就应利用"税负预警"规划自己的内部税务管控系统，重新审视企业内控系统的合理性和有效性；真正实现税务规划的效益，化解企业的税务风险。

第三章 "金三"下的企业涉税系统规划

金税三期系统既是国家投入巨资设计，研发的为纳税人服务的强大平台，也是利用行业大数据及跨行业的大数据比对，监管企业财务和纳税申报数据的先进工具，其理念已经跳出"审核企业纳税申报数据"的层面，改为利用"跨行业大数据验证企业纳税申报数据"，利用云计算技术自动完成验证，并输出结果和预警是税收征管手段的重大突破。在国家完成了税收征管手段的系统设计的大环境下，如果企业仍然在原有的管理模式下进行财税处理，则必死无疑。同时，在这种大环境下，也迫使企业打破原有的管控方式，对企业的财税管控目标与手段重新进行系统规划，完善企业财税管控的顶层设计。

第一节 理清企业内部财税管控理念

所谓企业财税管控，属于企业顶层设计的范畴，它是围绕企业的战略和规划目标，对企业财税管控进行全局性的构想和设计，预估企业的实际税收负担，预测企业的纳税风险，统筹规划纳税方案，配置企业各项资源，指导企业的各项经营活动，从源头上规避或化解财税风险。

一、财税管控的三大特征

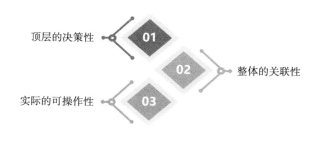

图3-1 三大特征

（一）顶层的决策性

企业的顶层设计应是自上而下的，其核心理念与目标均应源自企业的决策层（在中小企业往往就是老板），决策层决定管理层，也即是决策指导执行。在企业实务中，老板在制定企业长远战略时，既要考虑企业的发展和长远利益，也要考虑企业的整体税负水平，否则税负水平将影响企业战略目标的实现，在为了实现企业的战略目标时，必须根据企业的商业模式、业务流程、业务交易定价的实际情况，评价实现企业整体税负水平所带来的风险，让企业财富具有安全保障，老板在未来的经营过程中才能"高枕无忧"。即企业战略决定财务战略，财务战略决定财税管控，财税管控决定纳税申报。

（二）整体的关联性

在制定财务战略时，财税管控模式必须考虑企业内部各要素之间形成关联，匹配与有机的联系。传统的财税管控是财务部门关在办公室里作"假账"，与业务数据、行业数据严重不符，更谈不上跨行业数据对比，形成了财务会计一个部门在唱独角戏、跳独角舞。在财务实践中，如建安企业的业务部门在与客户签订合同时，业务部门签订包工包料的工程总价还是签订甲供材合同，这要有财务人员参与评估。如何能让企业在合法的情况下，获得更大的利益，在金三系统的大数据模式下，财务管控必须落到企业的采购、研发、生产及业务的全过程并重点关注其对财税的关联性影响。

（三）实际的可操作性

财税战略虽然要高瞻远瞩，全面复杂，但要求方案表述必须简洁明确，可实施、可操作性强，如纳税方案的节税原理、政策法规、注意节点；落实部门、配合部门、紧急事项处置等内容都要详尽明了，需要制定配套规章制度，制作清晰的操作流程，同时，基层的财务人员必须作出现场的指引。只有落到实处，见到经济效益的财税管控方案，才是可行和可操作的方案。

二、建立和健全三个沟通机制

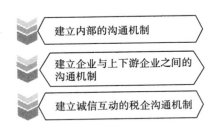

图 3-2 三个沟通机制

（1）建立财务部门对企业各部门的内部沟通机制，企业在财税实践中，虽然制订了良好的"财税管控"方案，但在实际执行过程中，由于企业在部门之间的理解对政策熟练及掌握程度不同产生差异，财务人员要与各部门经办人员之间建立良好畅通及时的沟通机制，否则由于沟通无效产生执行严重偏离预定的管控方案。

（2）企业的业务部门必须建立与上下游企业之间的沟通机制，并报财务部备案审查，否则因上下游企业之间配合容易产生执行效果偏离预定的财税管控方案。

（3）建立诚信互动的税企沟通机制，通俗地说就是"搞好税企关系"，"搞好税企关系"不能歪曲地认为只是采用请客、送礼甚至行贿的方式等不正当手段为企业谋取不正当利益，而是要在遵守税收法规的情况下，加强税企沟通与交流，建立和谐融洽的税企互动机制，做到依法纳税、准确纳税。一方面，从政策咨询的角度，企业可以及时从税务机关了解最新的税收政策，了解税收征管的最佳处理模式，为企业降低税收风险的同时，提高企业的办事效率，提升企业的经济效益；另一方面，可以让企业发现或重新检讨原来预定的财税管控方案的有效性，在某些模糊或新生问题的处理上，结合企业实际情况，提出企业的观点和意见，以事实和充足的依据来取得税务部门的认可及支持，维护企业的合法利益。因此，税企的诚信互动机制是企业防范外部风险的基本保障。

三、培养"两眼"看财税的良好习惯

图3-3 "两眼"

前面我们谈到了企业战略决定财务战略，而财务战略决定了财税的管控方式、方法及具体的操作流程，作为企业家及企业的财税工作人员，在制定财税的管控规划时，我们必须：

（一）站在企业自身的角度看

从企业的商业模式、具体的业务流程上分析考虑可行性和可操作性，但在评估财税规划时，既要考虑股权设置、采购方式、生产（委托加工或将生产链条分解）模式、研发投入、业务模式、售后服务进行全面评估，也要考虑财税规划方案的实施，给企业管理各个环节的协调增加了哪些管控费用。规划收益减去规划增加的费用开支后才能评估出规划方案的效益，一般的企业从以下几方面考虑：

（1）股权利益分配、持股平台的合理选择，不同主体之间股权利益平衡，主体之间合并会计报表的可能性等方面，以及所带来的或能节省税务支出的空间。

（2）研发投入的方式：自行开发还是委托第三方开发。

（3）采购方式：自行采购还是委托外包或者是多种形式并存。

（4）生产模式：考虑全流程自行生产或分段独立生产（内部生产环节形成产业链供应），还是委托加工等方式。

（5）业务模式：业务模式的选择、合同条款的约定、物流费用的承担、价款的结算等，实务中若企业存在多业务经营时，业务类型决定了税目的适用，税目的适用将决定不同的税率。

（6）售后服务：业务环节是否可独立计价等方式。

（7）费用的管控：是否可独立平台落实部门责任制。

（二）站在税务机关的角度看

企业在制定具体财务管控方式、具体流程时，从企业内部充分论证和评估可行性及可操作性的同时，应站在税务主管机关的角度评估方案落地的方式、方法及流程的合法性、合理性及公允性。不论企业叫财税管控还是叫财税规划，在主管税收机关看来，"貌似合规的筹划，背后是否有一个不合规的安排，甚至一查一个准"。造成这种看法的原因，在我国目前的环境下主要有三个因素：

（1）"纳税筹划"至今没有一个公认的准确概念。

（2）"纳税筹划"至今没有一套完整的基础理论。

（3）"纳税筹划"至今在现行税收法规规定中，有很多概念没有具体的量化标准，如"合理的商业目的"。

所以，企业在制订财税规划方案时，一定要牢记"通过创造新的商业模式，为纳税人控制税务风险、管理纳税成本，以获取合理税收收益为目的的税收安排"。千万别侥幸认为税负越低越好，甚至不用交税等不良动机。

四、重视"金三"下的"四大财税思维"

图 3-4 "四大财税思维"

（一）逻辑思维

税务风险的要点是逻辑问题。如投入产出、成本配比，这需要企业财务工作者从技术部门索取产品"BOM"表，加以论证分析；又如同行业的经营者常识问题，会计报表的结构、环比与定基对比分析的问题。再者，赚钱的逻辑与安全边际的关系问题，等等，都要求财税管控方案制定者必须具备熟练的业务及财税知识。

(二)跨界思维

税务风险的核心是业务问题，离开业务谈税务是片面的甚至出现严重的问题或者带来巨大的税务风险。所以说"离开业务谈税务是要流氓的行为"。作为财税管控方案的制定者和实施者，要跳出税务看税务，真正做到从业务环节去认识税务问题，发现税务问题，想办法去解决税务问题，让"税业融合"深入人心，各环节的实施人员相互配合、相互理解，一起克服困难，把问题和风险在业务环节得以化解。比如，能源消耗与产出的关系，单位产品能耗比，在行业中的水平或不同时期的波动，应该在生产设备、生产技术、工艺改造等业务领域加以论证和分析，得出合理的、可靠的指标运用在财税管控方案中去。其他成本费用开支、员工工资等也是如此。也就是说，从业务深层次的因素去制定、落实、评估财税方案，而不仅仅是从财税知识、法规知识层面去解释财税方案。简单地说，让财税人员懂业务，让业务人员支持、配合、理解财务人员，只有全员财政化运作体系，才能制订出好的财税管控方案，落实好财税管控方案，化解企业的财税风险。

(三)管理思维

财税管控的关键是内部控制体系的问题，做财税就是做管理，是对企业整体运营系统的考验，是对企业每一个参与者的执行力考察，在企业内控体系的建设中，关键在以下环节加以管理。

(1)决策。顶层决定基层，决策层的思维影响并指导管理层的思维，并由管理层去组织实施，在财税管控的实践中，对业务模式运营的改变，采购方式的调整，生产流程与方式的改造，计价方法的改变等事项，都有赖于决策的正确执行并提供清晰指导意见，以实现执行结果与预定方案基本相符。

(2)规划管理。在制订财税管控方案时，由上而下的整体规划管理，必须环环相扣，平行部门之间的沟通与协调，做到层层分解、层层落实，在执行过程中层层汇报，相互配合，在财税管控方案的实践中，往往由于某一事项的未达成而影响整个方案的实施困难，甚至严重影响预定的效果。所以，及时调整和修正财税管控方案，必须及时准确，只有这样整套规划管理流程才能顺畅，否则往往形成虎头蛇尾的结果。

（3）目标管理。在财税管控系统中，落实目标管理显得非常重要，在财税管控的实践中，既要制定出企业年度的整体目标，又要在执行过程中去分解到阶段性目标；既要有企业的综合性目标，又要分解到各部门的各分项目标。比如，企业综合税负目标中，必须按单一税种分项去分解落实单一税种的税负目标，往往单一税种税负偏高，只要有利于企业综合税负降低的方案，在现实中都是可行的。

（4）合同管理。企业的合同管理是重中之重，无论是采购合同、销售合同、加工合同，还是其他各类合同，它既是财务资料的重要组成部分，又是企业开展经营活动的法律凭证，在财务核算中的其他会计资料（如发票开具的内容），均要与合同条款相符，如果产生差异，必须要有补充合同佐证，企业许许多多的税务风险，均由于合同约定于财务核算的其他资料不吻合，而产生税务风险。在建安企业中，往往工程合同最后是于竣工结算金额为准，但是，在会计核算中，财务人员容易忽视竣工结算单等资料的保管，最后导致原合同与实际估算金额不符，导致税务风险的产生。

（5）财务核算管理。企业的一切经营活动，都必须集中到财务核算指标中加以体现，如在企业核算中所执行的会计政策，归集和分摊的方式方法，而财务核算是财税管控方案的制定中心、执行中心、考核中心、评价中心。作为该中心的财务工作者，要跳出财务看财务，要运用财税法规知识去指导各业务运营部门，去动员各业务运营部门围绕预定的财税管控方案逐一落实，并及时收集各运营部门的执行结果去评估方案执行的效果，计算财税差异的产生，学会利用执行结果去评价方案落实的有效性并对预定方案进行调整和修正。

（四）系统思维

财税管控的根本是系统问题，任何企业都必须从以下五大系统去统筹兼顾进行财税管控，才能实现企业整体的综合税负的降低，甚至在特定时期（如年度或跨年度）出现波动的现象。作为决策层，千万别以特定时期的税负情况去评价财税管控的有效性。

（1）股权结构系统。如："投资的方式、股东的人员构成、股权比例"，如果股东是法人（或单位组织），还得考虑法人股东的注册地等因素，股权设计既是一个法律问题，又是一个财税问题，在实务中许多看似完美的股权设计方案，最终都因税务问题无法破解而导致美中不足，甚至流产的案例。

（2）业务系统。业务问题往来决定企业财税管控方案的成败，在行业属性的选择上，将决定税收所适用的税目，税目的适用决定了税率的适用；在我国现行增值税税率实行5级制（16%、10%、6%、3%、0%），零税率针对出口，小规模纳税人，可选择简易计税方法，适用3%的征收率征收增值税。

合同条款往往影响财税管控的成败，合同既是法律问题，又是一个财税问题，许许多多的企业往往知道让律师（或法务部）起草合同和审核合同条款，而律师往往又不懂会计核算和纳税的计算，容易忽视财务部门审核合同。更有甚者，财务部门谈到合同都说与自己的财务会计工作无关，到最后财务核算时导致财务结算与合同约定出现较大差异，最终给企业带来重大的税务风险。

发票的开具：目前增值税发票的开具内容详尽，"金三"系统自动检索，上下游企业相互比对，跨行业数据相互比对，对企业税负的合理性在"金三"系统中自动预警，所以企业在制订财税管控方案时的自我预警已必不可少，随意开具甚至买卖发票已必死无疑。

货款的收取既决定了纳税义务的形成，也验证了企业交易内容的真实性，"金三"系统已自动检索，自动获取银行账号资金的流动，形成银企数据比对。

（3）采购系统。采购系统决定了企业财税管控方案的进项取得，进项取得是企业税负高低的关键之关键。

供应商的行业属性决定了进项发票的抵扣税率，在采购业务中，如果规划采购对象对企业财税管控的有效性起到关键性的作用。

合同条款进项发票的取得、货款的支付与业务系统管控方式基本一致，财务人员与采购部门的沟通协调将起到关键的作用。

（4）存货系统。该系统是企业财税管控中最为复杂，部门之间协调配合最为紧密的环节，它的正常运行决定了整个财务报表体系是否合理、恰当，也是财税管控最难实施、最容易疏忽的环节，它的管控主要从以下几方面入手：

1）存货的代码管理。在具体企业的存货代码管控时，首先考虑"金三"系统对本企业所涉及的进项或销项存货的代码（大类），然后在此基础上根据企业的实际需要设置二级或明细代码。

2）入库与领用管理。在财税管控的实践中，初级的财务工作人员及大部分民营企业家都容易忽视在入库与领用管理上的财务管控，甚至误认为这是生产或业务部门的事情与财务工作无关，这样最终导致财务的"成本核算"混乱，成本的归集与分配不准，导致税务风险。

3）期末盘点与核对。在财税管控的实践中，很多企业期末盘点认真仔细地做了大量工作，但对工作成果没有很好地利用。在存货管控系统不完善的企业，财务会计人员根本没有按照成本归集和分配顺序形成账务的结存数量与金额，不管盘点工作做得多好、多认真，从而导致存货管控系统无法验证和评价其有效性。而财务会计人员只是简单地运用盘点结果，倒挤出本期的耗用，既方便，又简单，同时也减少大了量财务成本核算的归集与分配工作，这样的话也就谈不上去评价运行系统的问题了。甚至有许多管理层为了做到内控体系中各环节人员既减少工作，又少了麻烦，加之存在"省得得罪人"的心态，正所谓的"皆大欢喜"的表面和谐现象，实质损害了企业的效益，同时也给企业带来重大的税务风险。

（5）费用管控系统。在企业的财税管控实践中，多数企业非常重视审批的流程、权限；而往往忽视对费用管控的取得形式，不懂得在分清权、责、事的基础上进行分割或外包，而一味纠结难以取得合法的票据。

1）业务费用。在财务管控上，是否可按业务类型切割；由具体承办人员负责，用业务外包的形式进行结算，以解决票据取得难的问题。

2）管理费用。在财务管控的实践中，一般财务会计人员忽视了这部分进项发票的取得，误认为管理费用进项不得抵扣，而忽视其发票取得的管控。实质上，大部分管理费用发票取得也可以做进项抵扣。

3）财务费用。由于现行的增值税法规暂时对财务费用中的利息支出的进项尚不能抵扣，造成财务会计人员对这一费用管控力度不足，甚至取得的票据也根本没有重视；更没有去将资本性支出及经营性支出进行分割，造成企业损益核算不准，甚至带来税务风险。

第二节 "金三"下的企业财税管控系统的构建

在深入了解和学习"金三"系统的控税逻辑，结合具体企业的实际情况下，着手设计和建立企业财税管控方案的系统模型。

一、一个中心：保障执行效率

作为该系统的设计者、决策者及参与者，必须建立一个由决策者（老板）及财务人员为主导，企业其他各部门负责人参与的"企业财税管控中心"，该中心根据企业发展的长远战略，制定企业的财务战略；同时，依据财务战略目标，协调统筹其他各部门落实财务战略目标的具体方案和运营制度，并在财务分管人员的监督下实施；在执行过程中，决策者必须保证该中心的权威性和统一协调性，任何涉及财税运营的方案或措施的变动，都必须经该中心讨论同意后作出，否则实务运营中无法保证既定的财税战略目标的实现。

二、两个基础：保障有效运行

（1）树立正确的纳税意识，国家税收是保证国家机器正常运转的必不可少的经济来源，是维护国家政权的经济基础，是国家财政的主要收入形式和来源，作为企业依法纳税是其法定的义务，这决定了企业在做好财税规划，必须牢记"税收只能合法转移，不得消灭"为根本原则的遵从意识，做到规划有度，合理设计，流程有效；即建立"主观意识基础"。

（2）建立和完善会计核算系统，树立以"账务处理需求"为核心的核算系统，充分发挥和利用人工智能的"账务处理工具"，简化会计事务性工作，提高工作效率；优化存货核算工具，建立存货核算数据与会计账务数据的实时比对，以保障数据及时归集，准确结转，账实相符等；建立和完善"风险测评工具"；保障会计报表数据与企业实际运行数据、纳税申报数据比对，确保会计报表数据真实、准确，及时依规纳税，防范税务风险；即建立"客观核算基础"。

三、重新审视企业内部"五大系统"

（1）销售系统。销售系统的运营模式，是企业的生命之源，同时这一系统也将决定企业在进行纳税申报时的销项税额的多少。

（2）采购系统。采购系统的运营模式，是企业的节流之关键，同时这一系统也在很大程度上决定了企业在纳税申报时的进项抵扣的多少。

（3）存货及资产管控系统。存货及资产管控系统的运营模式，是企业成本管控的重要节点，存货的计价、生产领用与成本的结转，对企业利润形成产生重大影响。

（4）费用管控系统。费用管控系统的运营模式，是企业节流及纳税抵扣的重要补充，对企业利润及纳税申报起到重要的调节作用。

（5）股权结构系统。股权结构要清晰，它不但是股权利益的保障，也是决定是否关联的重要指标，同时股权收益的依法纳税，同样构成了财富流出，保障财富安全必须关注的事项。

四、遵循"五个步骤"

（1）对每个系统最难实现规划效益的重点、难点，也即我们通俗所称的"痛点"。

（2）结合系统存在的"痛点"，是否需要重新优化主体结构。

（3）对每个系统的对外、对内的业务运营模式进行重新调整或设计。

（4）通过对业务系统的运营模式的重新设置和优化，实现税负的分解和转移，达到税负均衡的效果。

（5）通过股权优化，主体优化确保股权收益依法纳税，保障财富安全。

五、分析"六大要素"

（1）经营主体对系统运营的影响。

（2）每个系统的运营，可能涉及的财税事项，评估系统运营对税负的影响。

（3）每个系统的规划对企业战略的影响。

（4）对系统运营的调整，可能产生出税收差异的影响。

（5）对每个系统的流程进行重新规划，甚至在每个大系统中，再设置多个子系统加以管控，以适应整体规划的需要。

（6）对各系统运营模式重新调整及运营主体优化后的交易价格要素，必须充分考虑和论证。

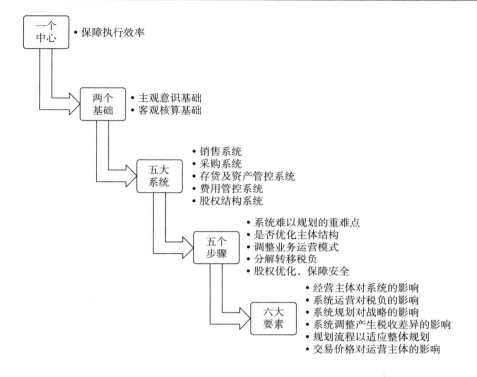

图 3 - 5 "金三"系统

第四章　企业财税管控案例

企业老板和高管的财税处理理念转变后，剩下的就是根据企业实际的运营系统做好财税处理手段的转变。也就是说，企业的财务会计人员在日常的会计处理和纳税申报中，会计处理和税务处理的方案也要改变了。

第一节　增值税在财税管控方案中的规划

增值税是"链条"税，在抵扣链条上，上家的销项，即是下家的进项；即环环抵扣，环环交应，从财税工作的实践中，上家交多少，下家抵多少，但每一环节即按增值部分缴纳增值税，所以在每一环节运行中，财务会计人员必须千方百计地考虑如何合法地取得增值税专用发票，而不是用简单粗暴的办法虚开增值税专用发票。

一、从增值税销项税额的角度进行规划

从增值税销项税额的角度，在增值税纳税人身份的选择，即对经营主体进行优化，通过纳税主体的选择实现财税规划的效果。

充分利用小规模纳税的身份认定，根据《增值税暂行条款实施细则》第三

十条和第三十三条的规定，财税〔2018〕33号的规定，纳税人销售额超过小规模纳税人纳税标准，未申请办理一般纳税人认定手续的，应按销售额依照增值税税率计算应纳税额，不得抵扣进项税额，也不得使用增值税专用发票。除国家税务总局另有规定外，纳税人一经认定为一般纳税人后，不得转为小规模纳税人。同时，财税〔2018〕33号的规定，增值税小规模纳税人标准为年应征增值税销售额的500万元以下，所以在财税实践中，纳税主体的年销售额如何规划在500万元以下去适用小规模纳税人的身份，直接适用3%的征收率就非常关键，如：

（一）当纳税主体的年销售额较低，但在销售过程中进项难以取得而毛利又偏高的企业，充分利用好小规模纳税人

【例4－1】某经营五金用品的在五金电器专业市场开设门店销售，该门店销售额不超500万元，则该门店即可选择小规模纳税人按3%的征收率进行规划。

（二）纳税主体的行业规划与小规模纳税人适用的综合规划（适用毛利偏高的行业）

【例4－2】某家居用品制造厂，专门定制家用木门，在全国家居装饰市场开设门店，厂家根据门店提供的尺寸要求，客户选定标准图案统一生产，然后由门店负责安装和售后服务。某年不含税销售额为6000万元（价税合计为6960万元）；免费送货上门及安装，全国共有15个门店，工厂材料购进不含税价为3200万元；统一由生产厂家开具发票给客户，在未规划前增值税应纳税额：

应纳税额 = 6000 × 16% − 3200 × 16% = 448（万元）

$$税负 = \left(\frac{应纳税额}{销售收入} \times 100\% \right) = \frac{448}{6000} \times 100\% = 7.47\%$$

则该制造厂可进行的规划方案：

第一步，该制造厂再设立一家家居装饰公司，将原价税合计销售额6960万元中的实际安装设计应收取的费用进行拨离，假定设计安装占销售额的10%，则设计安装总额为696万元；则货物含税销售额为6264万元；工厂材料购进不含税价为3200万元不变。

第二步，每个门店设立独立的销售公司，由其独立核算、独立申报纳税，制造厂家按成本加成定价4800万元（含税价为5568万元）供货，则财税运营系统就发生了根本性的变化：

制造厂的增值税计算：4800×16%－3200×16%＝76.8（万元）

装饰公司：696÷1.03×3%＝20.27（万元）

门店：（分15个店选用小规模纳税人）6960÷1.03×3%＝202.72（万元）

纳税总额：76.8＋20.27＋202.72＝299.79（万元）

纳税综合规划效益：448－299.79＝185.95（万元）

以上案例在规划时应注意：

（1）行业属性决定了增值税税率的适用，在做行业优化时必须与企业的业务部门沟通，在企业顶层规划设计时必须考虑销售价格及安装费用的实际情况，不得由企业任意设定，否则在税务评估时企业无法论证生产厂家与门店的交易价格是否公允。

（2）在门店设置上究竟采用分公司或独立的公司运营，还是其他形式；我们在企业所得税及个人所得税规划时，再进一步综合考虑和规划。

（3）在做主体优化的规划时，必须结合企业的长远发展战略，如果企业的长远战略中，不会牵涉在资本市场即规划上新三板或IPO时，企业主体的优化即门店及装饰公司，应尽量由非关联的独立主体运营，分别核算独立进行纳税申报。

（4）若按以上方案进行财税规划，则必须带来业务合同的主体变化，在业务采购及财务核算、会计账务核算的变化，要把财税管控流程按主体清晰明了地提供指引，制定可操作的流程图并定期由财务会计人员进行检查，评估实施的有效性，这样势必要求财务会计人员要懂得业务运行，懂得评估分析业务运行对会计核算及纳税申报的影响。在财税实践中，必须按季度对采购、生产及其他相关部门和人员进行全面的检讨分析，以便修正运行流程及交易价格的可行性，由于市场变化或波动影响既定方案的执行时，要随时召开部门检讨会议进行协调，以免由于市场价格变动，而财税管控方案未作调动而影响财税方案的合理性，最终带来税务风险。

（三）纳税主体行业优化与小规模纳税人适用的综合规划［适用进项难以取得（或无法抵扣）的行业］

【例 4 - 3】某物业管理公司，2018 年度服务费收入 1.3 亿元主要从事居民小区管理、清洁、除蚊驱虫、灭鼠等服务，在珠江三角有 50 多个服务项目，统一公司开展经营并由物业管理公司开具专用发票，在未开展规划前增值税销项为：130000000 × 6% = 780（万元），采购物料及用品共取得可抵扣的进项（除蚊灭鼠药、清洁用品、清洁设备等）130 万元，员工近 800 人，全年应纳增值税额为780 - 130 = 650（万元），税负达 5%。

规划方案如下：

第一步，分析企业现状。

（1）分析行业特点，服务行业进项少，适用税率 6%；行业优化无规划空间。

（2）分析企业的主体状况，目前总公司统一运营、统一核算，各分公司向总公司报账，方便财务管控，核算主体单一。

（3）增值税税负达 5%。

第二步，优化核算主体。

将现有的各个管理项目均成立全资子公司或分公司，原因集中核算、统一报税，改为分项目独立核算、独立申报纳税；通过分解只有 3 个项目年服务收入超500 万元，这 3 个项目 2018 年度合计服务收入为 1600 万元，实际用品、用药取得可抵扣的进项税额为 17 万元。

优化后增值税计算：

（1）把 3 个年服务收入超 500 万元的项目由总公司统一管理、核算，统一进行纳税申报（发票总额为：1696 万元）。

总公司应纳税额 = 1600 × 6% - 17 = 79（万元）

（2）剩余的47个项目分别为独立核算，独立纳税申报（发票总额为12084万元）

各分公司应纳税额 = 12084 ÷ 1.03 × 3% = 351.96（万元）

（3）累计应纳增值税税额：430.96万元。

规划后减少 = 650 - 430.96 = 219.04（万元）

税负率：3.32%。

以上规划方案实施必须关注：

（1）各项目分公司必须到当地税务部门办理税务登记，并申请独立核算、独立纳税申报。

（2）各项目分公司独立开具发票给客户，不得由总公司直接开票给客户。

（3）增值税申请独立申报的同时，如果各项目以分公司形式进行也可申请企业所得税独立核算并申报缴纳。

（4）增加了财务管控的要求和运作的具体规范化流程操作，在原来的基础上对财务会计核算要求较高，但工作量增加不多，强化原来的会计人员，适当增加2~3名会计人员即可。

（5）对各业务部门运作产生一定影响，在签订管理服务协议时尽量改为分公司进行或由总公司签订，合同条款中指定由分公司具体负责运营。

（四）纳税主体优化、行业优化，以及通过主体优化实现享受税收优惠的综合规划方案

【例4-4】某智能装配企业，2017年度实现销售收入1.58亿元（其中，软件5000万元，设计安装费用2800万元），实际取得可抵扣进项税额为910万元（其中，电脑配件进项税额为85万元），员工200人（由于税负太高，轻信外面一些买卖发票的不法分子，2016年买入假发票，在2017年被税务机关进项转出额达80多万元），在2017年度增值税应纳税总额为2686 - 910 = 1776（万元）。如果按以下方案进行财税规划：

第一步，分析行业特点。

（1）多业经营。

（2）软件产品企业或有"即征即退"的税收优惠（国发［2011］4 号及财税［2011］100 号）。

（3）可用好"甲供材"安装企业的简易征收（财税［2016］36 号）。

（4）可对经营主体进行优化。

第二步，优化经营主体，由原来的"制造公司"一体化经营，优化设立一个"智能装配软件开发公司"和"机电安装公司"。

第三步，优化企业业务流程，将软件产品的设计、开发由"软件开发公司"独立经营；将机电产品安装，调试服务，由"机电安装公司"独立经营。

第四步，优化财务会计核算体系，分析成软件公司、制造公司及安装公司三个会计核算主体进行独立核算，独立申报纳税。

根据以上优化方案后，2017 年应纳增值税额计算如下：

（1）将软件开发 5000 万元独立计价销售（取得可抵扣的进项税额为 85 万元），由优化后设立"智能装配软件开发公司"直接卖给客户或卖给原"制造公司"，则软件公司增值税计算如下：

1）应纳税额：5000×17% − 85 = 850 − 85 = 765（万元）

2）申请即征即退税额：765 − 5000×3% = 615（万元）（申请即征即退依据国发［2011］4 号及财税［2011］100 号文，即软件企业产品实际纳税超过 3% 的部分，享受即征即退的政策优惠）。享受即征即退后的实际税负为 3%，实际承担的增值税税额为 150 万元。

（2）计算制造公司的应纳税额。

1）在选用"软件公司"直接卖软件给客户的模式下，则制造公司的销售收入为 8000 万元，可抵扣进项税额为 825 万元。

应纳税额 = 8000×17% − 825 = 535（万元）

2）在选用"软件公司"卖给"制造公司"，然后由制造公司设备加软件统一计价卖给客户的模式，则制造公司的销售收入为 13000 万元，则可抵扣的进项税额为 825 + 765 = 1590（万元）。

应纳税额：13000 × 17% - 1590 = 620（万元）

（3）计算安装公司的应纳税额（安装公司与客户直接签订安装调试合同的模式下，则安装合同依据合同向主管税务机关申请备案，适用"甲供材"合同备案，采用 3% 征收率计算缴纳增值税），则安装公司的销售收入不变 2800 万元（发票总额为 2884 万元）

应纳税额：2800 × 3% = 84（万元）

对优化前及优化后实际缴纳税额比较：

（1）软件公司直接销售软件给客户的模式下：

软件公司实际缴纳：150 万元。

制造公司实际缴纳：535 万元。

安装公司实际缴纳：84 万元。

总合计：150 + 535 + 84 = 769（万元）

与优化前实际缴纳增值税为 1776 万元，节省应纳增值税税额为 1007 万元，优化前实际税负为 11.24%；优化后实际综合税负为 4.87%。

（2）软件公司作为制造公司的供应商的模式下：

软件公司实际缴纳增值税：150 万元。

制造公司实际缴纳增值税：620 万元。

安装公司实际缴纳增值税：84 万元。

总合计：150 + 620 + 84 = 854（万元）

与优化前实际缴纳增值税为 1776 万元比较，节省应纳增值税税额为 922 万元，优化前实际税负为 11.24%；优化后实际综合税负为 5.84%。

【例 4 - 5】某建筑施工企业 2017 年不含税工程结算收入为 12000 万元，销项税额为 1320 万元，采购施工机械取得可抵扣的进项税额为 230 万元，施工用水电的进项税额为 125 万元；外购自制墙体材料的不含税价为 1920 万元，进项税额为 326.40 万元，其他管销费用取得可抵扣的进项税额为 51.20 万元。

在对进项优化前，全年应纳增值税税额：

1320 −（230 + 125 + 326.40 + 51.20）= 587.40 （万元）

增值税税负：5%。

为了合理合法地降低企业的整体税负，企业决策及财务会计人员通过认真学习和研究建筑行业增值税的税收优惠政策，认真分析《财政部、国家税务总局关于新型墙体材料增值税政策的通知》（财政〔2015〕73 号文），通知规定，自2015 年 7 月 1 日起，对纳税人销售自产的列入本通知所附《享受增值税即征即退政策的新型墙体材料目录》（以下简称《目录》）的新型墙体材料，实行增值税即征即退 50% 的政策。为了企业日后的发展，通过财会人员的测算，决定将自制墙体的车间独立设立一个"建筑新型材料有限公司"（以下简称"材料公司"）进行独立运营，做到从主体优化来实现企业增值税税负降低的效果；同样以 2017 年的经营数据为基础，进行优化后由两个企业进行应纳税额的计算如下：

（1）"材料公司"自制墙体对外销售按成本加成计价 15% 的毛利，则对外销售不含税价 2112 万元，销项税额为 359.04 万元，价税合计为 2471.04 万元；则应纳增值税税额：

359.04 − 326.40 = 32.64 （万元）

享受即征即退税收优惠政策后，退还 16.32 万元；但购进企业仍然可以按32.64 万元进行抵扣。

（2）建筑施工企业在优化主体的同时，对业务流程进行优化，即把自制墙体的车间独立设立一个"建筑新型材料有限公司"进行独立运营，实施步骤如下：

1）由建筑施工企业直接向"材料公司"购进，再统一由施工企业与客户结算工程总价的模式：

建筑施工企业应纳增值税税额：1320 −（230 + 125 + 51.20 + 359.04）=554.76 （万元）

材料公司应纳增值税税额：359.04 − 326.40 − 32.64 = 0 （万元）

合计应纳增值税税额：554.76 + 16.32 = 571.08（万元）

2）由材料公司直接卖给客户，材料公司与客户独立结算货款，则建筑施工企业业务模式改变，工程总价应扣减材料总价，假定包工包料原合同总价（含税价）13320万元不变，则工程合同总价：

13320 - 2471.04 = 10848.96（含税价）（万元）

此时该施工合同符合"甲供材"合同（财税〔2016〕36号），可凭该合同向主管税务机关申请适用简易征收按3%征收率直接征收增值税的情况下：

应纳增值税税额：（10848.96 ÷ 1.03）× 3% = 315.99（万元）

材料公司应纳增值税不变：16.32万元。

合计应纳增值税税额：315.99 + 16.32 = 332.31（万元）

（3）比较优化前后的节省税额及税负情况。

1）只优化主体未优化业务流程的情况下（降税效果不明显）：

优化前：税额587.40万元，税负率5%。

优化后：税额571.08万元，税负率4.76%（两个企业综合税负）。

节省税收支出：16.32万元。

2）在优化主体同时对业务流程进行优化的情况下：

优化前：税额587.40万元，税负率5%。

优化后：税额332.31万元，税负率2.77%（两个企业综合税负）。

节省税收支出：255.09万元。

（4）适用简易征收的几种情形（统一归纳以供读者在实际案例中参考使用）。

1）一般纳税人销售自产的下列货物，可选择按简易办法依照3%征收率计算缴纳增值税：

①县级及县级以下小型水力发电单位生产的电力。小型水力发电单位，是指各类投资主体建设的装机容量为5万千瓦以下（含5万千瓦）的小型水力发电单位。

②建筑用和生产建筑材料所用砂、土、石料。

③以自己采掘的砂、土、石料或其他矿物连续生产的砖、瓦、石灰（不含黏土实心砖、瓦）。

④用微生物、微生物代谢产物、动物毒素、人或动物的血液或组织制成的生物制品。

⑤自来水。

⑥商品混凝土（仅限于以水泥为原料生产的水泥混凝土）。

2）一般纳税人销售货物属于下列情形之一的，暂按简易办法依照3%征收率计算缴纳增值税：

①寄售商品代销寄售物品（包括居民个人寄售的物品在内）。

②典当行销售死当物品。

3）一般纳税人销售自己使用过的不得抵扣且未抵扣进项税额的固定资产，按简易办法依照3%征收率减按2%征收增值税。

4）一般纳税人销售旧物，按简易办法依照3%征收率减按2%征收增值税。

5）属于增值税一般纳税人的单采血浆站销售非临床用人体血液，可以按照简易办法依照3%征收率计算应纳税额，但不得对外开具增值税专用发票。也可以按照销项税额抵扣进项税额的办法依照增值税适用税率计算应纳税额。

6）属于增值税一般纳税人的药品经营企业销售生物制品，可以选择按照简易办法依照3%征收率计算应纳税额。

7）属于增值税一般纳税人的兽用药品经营企业销售兽用生物制品，可以选择简易办法按照兽用生物制品销售额和3%的征收率计算缴纳增值税。

8）自2016年1月1日至2018年12月31日，对中国农业发展银行总行及其各分支机构提供涉农贷款取得的利息收入减按3%征收增值税。

9）营业税改征增值税一般纳税人发生下列应税行为可以选择适用简易计税方法计税：

①公共交通运输服务。公共交通运输服务，包括轮客渡、公交客运、地铁、城市轻轨、出租车、长途客车、班车。

②经认定的动漫企业为开发动漫产品提供的动漫脚本编撰、形象设计、背景设计、动画设计、分镜、动画制作、摄制、描线、上色、画面合成、配音、配乐、音效合成、剪辑、字幕制作、压缩转码（面向网络动漫、手机动漫格式配置）服务以及在境内转让动漫版权（包括动漫品牌，形象或者内容的授权及在授权）。

③电影放映服务、仓储服务、装卸搬运服务、收派服务和文化体育服务。

④以纳入营改增试点之日前取得的有形动产为标的物的经营租赁服务。

⑤以纳入营改增试点之日前签订的尚未执行完毕的有形动产租赁合同。

⑥一般纳税人以清包工方式提供的建筑服务，可以选择适用简易计税方法计税。

⑦一般纳税人为甲供工程提供的建筑服务，可以选择适用简易计税方法计税。

⑧一般纳税人为建筑工程老项目提供的建筑服务，可以选择适用简易计税方法计税。

⑨一般纳税人销售其 2016 年 4 月 30 日前取得（不含自建）的不动产，可以选择适用简易计税方法，以取得的全部价款和价外费用减去该项不动产购置原价或者取得不动产时的作价后的余额为销售额，按照 5% 的征收率计算应纳税额。纳税人应按照上述计税方法在不动产所在地预缴税款后，向机构所在地主管税务机关进行纳税申报。

⑩一般纳税人销售其 2016 年 4 月 30 日前自建的不动产，可以选择适用简易计税方法，以取得的全部价款和价外费用为销售额，按照 5% 的征收率计算应纳税额。纳税人应按照上述计税方法在不动产所在地预缴税款后，向机构所在地主管税务机关进行纳税申报。

⑪房地产开发企业中一般纳税人，销售自行开发的房地产老项目，可以选择适用简易计税方法，按照 5% 的征收率计税。

⑫一般纳税人出租其 2016 年 4 月 30 日前取得的不动产，可以选择适用简易

计税方法，按照5%的征收率计税。

⑬公路经营企业中的一般纳税人收取试点前开工的高速公路的车辆通行费，可以选择适用简易计税方法，按照3%的征收率计算应纳税额。

⑭农村信用社、村镇银行、农村资金互助社、由银行业机构全资发起设立的贷款公司、法人机构在县（县级市、区、旗）及县以下地区的农村合作银行和农村商业银行提供金融服务收入，可以选择用简易计税方法，按照3%的征收率计算缴纳增值税。

⑮对中国农业银行纳入"三农金融事业部"改革试点的各省、自治区、直辖市、计划单列市分行下辖的县域支行和新疆生产建设兵团分行下辖的县域支行（也称县事业部），提供农户贷款、农村企业和农村各类组织贷款取得的利息收入，可以选择适用简易计税方法，按照3%的征收率计算缴纳增值税。

⑯一般纳税人提供劳务派遣服务，选择差额纳税，按照简易计税方法依5%的征收率计算缴纳增值税。

⑰一般纳税人收取试点前开工的一级公路、二级公路、桥、闸通行费，可以选择适用简易计税方法，按照5%的征收率计算缴纳增值税。

⑱一般纳税人提供人力资源外包服务，可以选择适用简易计税方法，按照5%的征收率计算缴纳增值税。

⑲纳税人转让2016年4月30日前取得的土地使用权，可以选择适用简易计税方法，以取得的全部价款和价外费用减去取得该土地使用权的原价后的余额为销售额，按5%的征收率计算缴纳增值税。

⑳一般纳税人2016年4月30日前签订的不动产融资租赁合同，或在2016年4月30日前取得的不动产提供的融资租赁服务，可以选择适用简易计税方法，按照5%的征收率计算缴纳增值税。

10）一般纳税人兼有销售货物、提供加工修理修配劳务的，凡未规定可以选择按照简易计税方法计算缴纳增值税的，其全部销售额应一并按照一般计税方法计算缴纳增值税。

对于上述情形, 一般纳税人可以选择适用简易办法计算缴纳增值税, 一经选择, 36 个月内不得变更。

二、从进项税额的角度进行规划

(一) 整合外部供应商

供应商的选择对企业获取的进项税额大小有直接的关系, 从一般纳税人那里采购货物, 可以抵扣 16% (2018 年 5 月以前为 17%) 的进项税额。从小规模纳税人那里采购货物, 由于其自身无法开具增值税专用发票, 而小规模纳税人的财务人员 (甚至没有专职的财务人员), 不懂或怕麻烦, 又不去税务机关申请代开增值税专用发票, 如果去税务机关申请代开增值税专用发票, 也只能开具 3% 的进项税额的专用发票, 明显不如从一般纳税人那里采购。所以, 寻找供应商时, 必须价税综合考虑, 权衡利弊, 才能作出正确选择。

【例 4 - 6】假设从一般纳税人处购入货物的含税价为 A (也就是说付出的采购总额); 从小规模纳税人处购入同样同量的货物含税价格为 B (也就是说付出的采购总额); 则双方的比例关系计算如下:

从一般纳税人采购:

进项税额 = A ÷ (1 + 16%) × 16%

(1) 从小规模纳税人处采购, 假定去税务机关申请代开增值税专用发票:

进项税额 = B ÷ (1 + 3%) × 3%; 但价格便宜了 (A - B)

(2) 令二者取得的进项税额相等的情况下, 则公式为:

A ÷ (1 + 16%) × 16% = B ÷ (1 + 3%) × 3% + (A - B)

解以上方程, 可得: B = 0.89A。

也就是说, 当小规模纳税人的含税价格是一般纳税人的含税价格的 89% 时, 从小规模纳税人采购和一般纳税人采购是相同的; 当小规模纳税人的含税价格低于89%时，尽管可抵扣的进项税额较少，但由于价格折扣幅度大，还是要从小规模纳税人采购。

如：某一般纳税人机械制造企业，采购一批五金用品，从一般纳税人 A 采购总价需 100 万元；而从小规模纳税人 B 采购总价仅需 89 万元时，请问应该从哪家供应商采购？

平衡点：B = 0.89A = 89（万元）（A 为 100 万元）

89 万元 = 89 万元，则从一般纳税人 A 与小规模纳税人 B 采购相同。

若 B 的采购总价只需 85 万元时，则应从 B 供应商处采购为优；反之则应从一般纳税人处采购对企业才有利益。

如果小规模纳税人无法去税务机关代开专用发票时：

假设从一般纳税人处采购货物的含税价为 A；从小规模纳税人处采购相同的货物的含税价为 B。

平衡点：$A \div (1 + 16\%) \times 16\% = A - B$

解方程，可得：B = 0.86A。

也就是说，当小规模纳税人的含税价格是一般纳税人的 86% 时；从小规模纳税人采购和一般纳税人采购相同。当小规模纳税人的含税价格低于 86% 时，尽管无进项可以抵扣，但由于价格折扣大，还要从小规模纳税人处采购。

在财税实践中，对于建安和房地产企业来讲，施工中所耗用的河沙及碎石等，由于供应商分散，究竟应该从分散的小规模处采购，还是从大型沙石场采购，应该结合实际情况，按以上思路做好供应商的选择。

当然，在很多制造业中，对于零星采购，究竟如何选择供应商也可借鉴以上思路，加以分析比较，而不是凭老板或采购的主观臆断，财税思维必须在企业生产经营中得到全过程的落实。

这些看似简单的道理，计算也不复杂，但实际工作中企业为啥无法应用？编者在长期的实践工作中发现：

（1）财务人员可能没有去认真分析和计算。

（2）财务人员往往懂得计算但无法执行，也就是说，当专业人员问到为啥不比较时，财务人员直接告诉你"我当时不知道情况"。这点很重要：作为企业家（老板）应把这个知识落实到"采购人员"去执行，也就是编者一直提倡的"全员财税"的概念。

（二）优化企业本身的生产研发环节

把企业内部的某一特定部门或环节用独立的主体运营，使之成为企业的供应商，从而取得进项发票，也即在组织形式和控制方式上进行财税规划。

【例4-7】某大型制衣厂，随着业务的不断扩大，对产品研发设计投入越来越大，企业总人数已达2000人以上，年营业收入近10亿元，每月在设计开发部门发生的费用100万元，而且大部分都是设计师的劳务支出，必须由个人去税局代开普通发票收取劳务费。因此，将设计研发部门分离出去，由部门的负责人自行设立一个或两个小规模的设计公司。

这个分离出的小规模纳税人企业，应该从以下两个方面进行考虑：

（1）要向企业所得税法靠近（小型微利企业）。

（2）要向增值税法规远离（远离增值税一般纳税人标准远离）。

首先，比照增值税法规的相关规定，让新注册的小企业够不上一般纳税人的条件，这一远离法规的行为，可以降低增值税税负，依据财税〔2018〕33号文规定，增值税小规模纳税人标准为年应征增值税销售额500万元以下。

依据以上规定，该大型制衣厂的设计开发部门分离后，成立两个小规模公司，由小规模公司开具3%的增值税专用发票，解决了原来由个人代开无法取得进项的困局。在会计核算中，将分离出去的小规模纳税人公司，根据投资者的需要，决定是否合并财务报表，供内部投资者使用即可。

其次，分离出去的小规模纳税人公司，要向企业所得税法靠近"小型微利企业"，以降低企业所得税税负。这一规定我们在本章第二节（企业所得税规划）中将会更详细介绍。只有同时兼顾、相互照应，才能实现企业效益最大化，降低企业的所有税种的综合税负率。

（三）在地域或产业布局上下足功夫，让地域及产业布局更为优化，实现财税规划效益

目前，中国各个地方经济发展水平差距很大，许多经济欠发达地区为了发展本土的经济，在招商引资方面，想尽一切办法给予税收优惠。常见的税收优惠措施包括：税收地方留成部分，由当地财政支出，作为鼓励投资返还给企业。这种在国家税收法规层面虽然未实现企业的综合税负的降低，从企业纳税申报的"金三"监控上，也合理合法。但作为企业已通过产业的地区布局，实现了税负的转移，而转移出去的已缴纳的税额又通过当地的财政预算支出，返回到企业自身，运用了"国家财政预算"的理念，实现了企业的财税规划效益。

【例 4－8】某高端光学玻璃制造厂，现有四个生产工序：开料、打磨、打孔和组装。其中，开料、打孔、组装机械化水平高，技术含量相对较低，而打磨不但人员密集，技术要求高，操作熟练程度也要求高，难以实现规模化的机械化作业。同时，打磨技术也申请多项专有技术，产品增值及企业的核心竞争力也在本生产工艺中实现。

这家企业在税务专家及企业内部财务人员的协助下，通过 2018 年的财务核算数据如下：年销售收入为 1.58 亿元，销项税额为 2528 万元，材料成本为 6130 万元，材料进项税额为 980.80 万元，人工成本为 1560 万元（其中，打磨工序占 42%），水电费为 1080 万元，进项税额为 172.80 万元，其他成本费用为 560 万元，进项税额为 67 万元。

全年应纳增值税：2528 － 980.98 － 172.80 － 67 ＝ 1307.40（万元）

增值税税负：8.27%。

根据 2018 年的财务数据，在税务专家及决策层分析后，决定将前端开料、打磨工序通过产业布局转移至某地高新企业开发区，该高新技术开发区为省级高新技术区，地方留成增值税为 50%，新设企业前三年增值税地方留成全部返还，后三年减半返还。依据 2018 年数据，经测算转移后数据计算如下：

（1）新设的加工企业：材料采购成本为 6130 万元，进项税额为 980.80 万元，人工成本前两道工序占 63%左右，则为 3862 万元；水电为 450 万元，进项税额为 72 万元；其他成本费用为 220 万元。取得进项为 32.60 万元，若新设企业参照行业市场情况按 12800 万元出售给原光电科技企业，再进行打孔、包装工序；则新设企业在不再考虑新增设备增加的进项情况下，增值税应纳税额测算如下：

应纳税额 = 12800 × 16% − 980.80 − 72 − 32.60 = 962.60（万元）

当地留成返还：481.30（实际已纳 481.30 万元）。

（2）原光电企业：年销售收入 1.58 亿元，购进半成品 12800 万元，取得进项税额 2048 万元，水电 630 万元，取得进项 100.80 万元；人工成本 2300，其他成本 340 万元，取得进项税额 34.40 万元，则原光电企业：

应纳税额：2528 − 2048 − 100.80 − 34.40 = 344.80（万元）

（3）分离后两家企业共承担增值税税额：481.30 + 344.80 = 826.10（万元）

比分离前节省税额：1307.40 − 826.10 = 481.30（万元）

实际税负：5.23%。

从以上增值税的"进项、销项"规划的案例中，我们可以看出，财税规划方案的制订，必须建立在企业财税战略上规划，既考虑企业的产业布局，又要考虑各系统的业务运营；在规划的方法和手段上，我们运用了增值税税政法规的优惠措施，我们把它称为"政策洼地"。同时，在规划时，我们利用了行业的税目低税率政策，我们把它称为"行业洼地"。在产业链（及上下游）上，我们通过产业链布局，设立不同主体的运用，充分利用了产业链实现财税规划效益，财税实践中我们把它称为"产业链洼地"。在产业链布局的同时，我们也通过产业的地区布局，利用当地的财政鼓励政策去实现企业财税规划的效益，我们把它称为"地域洼地"。通过对"四个税收洼地"的运用，才能保证规划效益的实现，保障规划方案的税务风险可控。

最近几年，在税收大背景下，"金三"全面上线，大数据在税收征管体系中的全面落实，过往传统的企业财税管控，从粗放型的管理，必须逐步过渡到财税管理的"精细化"，在充分发挥和调动经营决策者和管理者的积极性的同时，落实好企业各大系统的相互配合，运行顺畅，设置合理，把财税管控的方法、手段都落实到各大系统中。从增值税的规划方案中，我们也就不难得出以下规律，增值税规划必须做到：销项是起点，业务系统模式再造。进项是关键，采购系统模式再造。系统再造是出路，买卖发票必衰亡。

第二节　消费税在财税规划中的案例分析

在我国，消费税是以消费品的流转额作为征税对象的各种税收的统称，是政府向特定消费品征收的税项，可以从批发或零售征收。消费税是典型的间接税。消费税是1994年税制改革在流转税中新设置的一个税种。消费税实行价内税，只在应税消费品的生产，委托加工和进口环节缴纳（金银首饰消费品在零售环节缴纳），在以后的批发、零售等环节，因为价款中已包含消费税，因此不再缴纳消费税，税款最终由消费者承担。消费税的纳税人是我国境内生产、委托加工、零售和进口《中华人民共和国消费税暂行条例》中规定的应税消费品的单位和个人。

在我国对销售货物普遍征收增值税的基础上，选择部分消费品再征收一次消费税，目的是为了调节产品结构，引导消费方向，保证国家财政收入。

由于消费税的特定对象，同时采用价内税计算，征收范围不广，计算简便。同时，税制设置上给予的税收优惠也不多，最近几年的税制改革的大背景下，对消费税的税政改革也变化不大。所以，在特定企业生产和销售特定应税消费品的规划手段和方法也相对简单，在理论界和实务中筹划的运用也基本相同，筹划方法也相对单一。本书提供的规划方法仅参考用。

一、对兼营行为的纳税规划

现行《消费税暂行条例》及相关法规对应征消费税的不同商品规定了3% ~ 50%的比例税率或不同水平的定额税率。同时规定，纳税人经营不同税负的应税产品时，应分别核算不同税率应税消费品的销售额、销售数量；未分别核算销售额、销售数量，或将不同税率的应税消费品组成成套消费品销售的，从高适用税率。对此，纳税人可考虑从以下两个角度进行税收筹划，以避免在消费税兼营行为中承担不必要的税收负担。

（一）将不同税负应税产品的销售额和销售数量分别核算

在企业的生产经营中，往往会发生同一企业生产不同税负产品，并分别销售的情况。这时，企业从降低自身税收负担的角度考虑，应严格将不同税负产品的销售额和销售数量分别核算，否则将面临对全部产品统一适用高税率的可能。

例如，某酒厂2002年6月生产并销售粮食白酒100吨，实现销售收入50万元，同时销售酒精50吨，实现销售收入10万元。按照规定，粮食白酒应在缴纳25%从价税的基础上再缴纳每千克0.5元的从量税，酒精则按照销售价格的5%缴纳消费税。

如果该企业将所销售的白酒和酒精的销售数量和销售额分别核算，那么其应缴纳的消费税为18万元（$500000 \times 25\% + 100 \times 1000 \times 0.5 + 100000 \times 5\%$）。如果该企业没有将两种产品分别核算，那么其应从高适用税率，即将全部产品按照粮食白酒纳税，这时企业该月应缴纳消费税22.5万元[（$500000 + 100000$）$\times 25\% + (100 + 50) \times 1000 \times 0.5$]，比原来增加了4.5万元的税收负担。

从理论上讲，"分别核算"似乎是一件很简单的事，但实际操作中并非如此，它要求企业在合同文本设计、存货管理、财务核算等过程中，都应做到严格管理。

1. 合同文本设计

假设上述酒厂在 7 月与某供销合作社签订的合同中，企业共销售了 40 吨粮食白酒和 40 吨酒精，实现销售收入 28 万元。由于该合同金额较大，企业销售人员只注重销售业绩，未将销售合同中白酒和酒精的销售额分别核算，这样，企业的该项销售就只能全部按粮食白酒缴纳消费税，从而增加了企业税收负担。针对以上问题，涉及缴纳消费税的企业可以从两方面加强管理：一是加强对销售人员的业务培训，使其了解分别核算对企业的意义；二是设计出标准的合同范本，分别列示所销售不同产品的数量和金额，要求销售人员遵照执行。

2. 财务核算

如果说合同文本设计是企业"分别核算"的基础环节，那么财务核算就可以说是企业"分别核算"的核心环节。首先，企业应加强存货管理，尤其是对各类产品的出库数量应有准确、清晰记录，并以此作为企业分别核算"产品销售成本"的依据。其次，企业应加强对"产品销售收入""产品销售成本""产品销售税金"等科目下二级甚至三级科目的核算，尤其是在企业基础管理较好，已经在销售合同中分别核算不同产品的销售数量和销售金额，以及存货管理也比较完整的情况下，按产品的种类核算以上科目，可以最终实现税法中对"分别核算"的基本要求。

（二）消费品的"成套"销售应慎重

随着人们生活和消费水平的提高，"成套"消费品的市场需求日益扩大。对于厂家来讲，销售成套消费品，不仅可以扩大本企业产品的市场需求，而且还可以增强企业在市场中的竞争优势。但按规定，纳税人将不同税率的应税消费品组成成套消费品销售的，应从高适用税率。例如，假设某化妆品公司生产并销售系列化妆品和护肤护发品，其中销路较好的几种产品的出厂价分别为口红 40 元、眼影 60 元、粉饼 50 元、洗面奶 30 元。另外，该企业新开发润肤霜出厂价为 70 元。显而易见，以上产品中前三种属于化妆品，适用 30% 的消费税率；后两种为护肤护发品，适用 8% 的消费税率。因此，如果以上产品各销售一件，那么企业应缴纳消费税 53 元（$150 \times 30\% + 100 \times 8\%$）。

现在该公司为推销其新产品润肤霜，打算将前述几种产品与润肤霜组成节日礼品套装销售，出厂价仍为各个品种出厂价之和，即 250 元。但此时，企业每销售一套以上产品，而缴纳的消费税增加到 75 元（$250 \times 30\%$），税负增加了近 42%〔$(75 - 53)/53$〕。

由于现行消费税采取单环节课征制度，除金银首饰在零售环节征收外，其余均只在生产、委托加工或进口环节征税。因此，在出厂之后再将不同税率产品组成成套消费品，就不必再按照较高税率缴纳消费税。

对于前述化妆品生产厂家，可以在分别销售以上各种产品的同时，向购货方提供相应的礼盒包装物。当消费者在零售环节购买以上产品时，可以根据需要选择是否使用礼盒。这样，企业既降低了消费税的负担，又增加了消费者的消费选择，可谓一举两得。

对于一些不适宜在零售环节组合成套的消费品，企业还可以通过独立核算的销售公司进行产品的组合销售。比如，卷烟厂可以在产品出厂后，在再次批发销售之前，将卷烟与其他产品（打火机、钱夹等）组成礼盒，适当加价后销售。通过将"成套"环节后移，企业避免了就礼盒中非消费税应税产品缴纳消费税。如卷烟厂向独立核算的销售公司销售卷烟，价格为每标准条 80 元（不含增值税），根据财政部、国家税务总局财税〔2001〕91 号文规定，该卷烟应按 45% 税率缴纳消费税，每条烟应纳税 36 元。

当企业欲将每条卷烟与价值 40 元的皮带组合成一个礼盒，并以 100 元的价格销售时，如果以上"成套"行为发生在卷烟厂，那么卷烟厂应就 100 元的全部销售价格缴纳消费税，每条烟应纳税 45 元，比原来增加了 9 元。但如果以上"成套"行为发生在卷烟出厂后，由独立核算的销售公司进行，那么卷烟厂每销售一条卷烟，仍旧只需纳税 36 元，而销售公司也不必缴纳消费税。

二、对出口应税消费品的纳税规划

由于列入消费税征税范围的消费品一般为非生活必需品，而这些应税消费品的购买者通常具有较高的消费水平，因此，对于消费税不应存在减税、免税优惠的问题。

但是，按照国际通行的做法，对于出口的消费品通常都是免税的。

（一）出口应税消费品的免税政策

增值税和消费税是属于交叉征收的税种，出口应税消费品在出口报关时，往往既涉及增值税的退（免）税，同时也涉及消费税的退（免）税。因此，通常所说的出口退（免）税，主要指的就是退（免）增值税和消费税，一些相关的退（免）税政策也将这两个税种合并阐述。而消费税和增值税不同之处则在于退税税率的确定和出口应税消费品退税的计算上。

退税税率的确定。出口应税消费品应退消费税的税率或单位税额，依据《消费税暂行条例》所附《消费税税目税率表》执行。企业应将不同消费税税率的出口应税消费品分开核算和申报，凡划分不清的，一律从低适用税率计算应退消费税税额。

出口应税消费品退税的计算。出口应税消费品的应退消费税税款，分两种情况处理：属于从价定率计征消费税的应税消费品，计算公式为应退消费税税款 = 出口货物的工厂销售额×税率；属于从量定额计征消费税的应税消费品，计算公式为应退消费税税款 = 出口数量×单位税额。

（二）出口应税消费品的税收筹划

消费税规定，只要纳税人出口的消费品，不是国家禁止或限制出口的货物，在出口环节均可以享受退（免）税的待遇。这就是鼓励纳税人在满足国内市场需求的基础上，尽量扩大出口规模。从节税的角度出发，纳税人也应该想方设法开拓国际市场，为本企业谋求尽可能多的合理利益。

1. 发生出口货物退关或者退货时，适当调节办理补纳消费税时间

从纳税筹划的角度出发，发生出口货物退关或者退货时，适当调节办理补纳消费税时间，是一种重要的纳税筹划方式。

根据《消费税暂行条例实施细则》第二十二条的规定，出口的应税消费品办理退税后，发生退关，或者国外退货进口时予以免税的，报关出口者必须及时向其机构所在地或者居住地主管税务机关申报补缴已退的消费税税款。纳税人直接出口的应税消费品办理免税后，发生退关或者国外退货，进口时已予以免税的，经机构所在地或者居住地主管税务机关批准，可暂不办理补税，待其转为国内销售时，再申报补缴消费税。因此，在发生出口货物退关或者退货时，适当调节办理补税的时间，可以在一定时期占用消费税税款，相当于获得了一笔无息贷款。纳税人对此展开纳税筹划。

2. 出口不同消费税税率的应税消费品应分开核算和申报

增值税和消费税是属于交叉征收的税种，出口应税消费品在出口报关时，往往既涉及增值税的退（免）税，同时也涉及消费税的退（免）税，因此，通常所说的出口退（免）税，主要指的就是退（免）增值税和消费税。而消费税和增值税不同之处则在于退税税率的确定和出口应税消费品退税的计算上。

税法规定，企业应将不同消费税税率的出口应税消费品分开核算和申报，凡划分不清适用税率的，一律从低适用税率计算应退消费税税额。这就要求企业在申报出口退税时，应分开核算不同税率的应税消费品，以获得应有的退税额，避免因从低税率退税而减少收益。同时，还须强调的是，消费税出口退税仅适用于有出口经营权的外贸企业购进应税消费品直接出口以及外贸企业受其他外贸企业委托代理出口应税消费品，而生产企业出口或委托外贸企业代理出口应税消费品，则是不予退还消费税的。因此，对于出口业务较多、出口较频繁的生产企业来说，可以考虑组建独立核算的外贸子公司，由生产企业将应税消费品销售给外贸子公司，缴纳消费税，再由外贸子公司将应税消费品出口，获得相同金额的出口退税，从而在实质上减轻了企业的税收负担。但需注意的是，组建外贸子公司的成本很可能会高于出口退税所带来的收益，企业应进行成本收益分析，从长远利益和整体考虑，而不能片面追求出口退税所带来的短期利益。

出口应税消费品退税的计算。出口应税消费品的应退消费税税款，分两种情况处理：属于从价定率计征消费税的应税消费品，计算公式为应退消费税税款＝出口货物的工厂销售额×税率；属于从量定额计征消费税的应税消费品，计算公式为应退消费税税款＝出口数量×单位税额。

此外，在出口产品因质量等问题被退货的情况下，依然存在一定的节税机会。

税法中规定：出口的应税消费品办理退税后发生退关，或者国外退货，进口时予以免税的，由报关出口者按规定期限向其所在地主管税务机关申请办理补缴已退的消费税税款。由纳税人直接出口的应税消费品，办理免税后发生退关，或者国外退货，进口时已予以免税的，经所在地主管税务机关批准后，可暂不办理补税，待其转为国内销售时，再向主管税务机关申报补缴消费税。根据上述规定，企业完全可以占有资金的时间价值，充分利用退货款和推迟纳税人的应退税款，为企业创造新的效益。

三、以外汇结算应税消费品的纳税筹划

根据《消费税暂行条例》第五条的规定，纳税人销售的应税消费品，以人民币计算销售额。纳税人以人民币以外的货币结算销售额的应当折合人民币计算。根据《消费税暂行条例实施细则》第十一条的规定，纳税人销售的应税消

费品，以人民币以外的货币结算销售额的，其销售额的人民币折合率可以选择销售额发生的当天或者当月1日的人民币汇率中间价。纳税人应在事先确定采用何种折合率，确定后一年内不得变更。从纳税筹划的角度来看，人民币折合率既可以采用销售额发生当天的国家外汇牌价，也可以用当月初的外汇牌价。一般来说，外汇市场波动越大，通过选择折合率进行纳税筹划的必要性越大，以较低的人民币汇率计算应纳税额，越有利于开展纳税筹划。

需要指出的是，由于汇率的折算方法一经确定，一年内不得随意变动。因此，在选择汇率折算方法的时候，需要纳税人对未来的经济形势及汇率走势作出恰当的判断。同时，这一限制也对纳税筹划方法的效果产生很大影响。当然，纳税筹划应当体现在点点滴滴的税负减轻中，纳税筹划更体现为一种意识，在某一方面节税效果不是很明显，但对于一个涉及众多税种的大型企业来讲，纳税筹划的效果不能小视。

例如：某企业某年4月15日取得100万美元销售额，4月1日的国家外汇牌价为1美元：7.3元人民币，4月15日的外汇牌价为1美元：7.1元人民币。预计未来较长一段时间，美元将持续贬值。企业有两种方案可供选择：方案一，按照每月第一日的外汇牌价来计算销售额；方案二，按照结算当时的外汇牌价来计算销售额。从纳税筹划的角度出发，该企业应当选择哪套方案？

方案一，该企业的纳税情况如下：①美元销售额为100万元；②外汇牌价 = 1：7.3；③人民币销售额 = 100×7.3 = 730（万元）。

方案二，该企业的纳税情况如下：①美元销售额为100万元；②外汇牌价 = 1：7.1；③人民币销售额 = 100×7.1 = 710（万元）。

经计算比较，方案二比方案一少计销售额 = 730 − 710 = 20（万元），因此，该企业应当选择方案二。方案二由于充分利用了汇率变动的趋势以及税法允许的换算方法从而达到了纳税筹划的效果。

四、对包装物的纳税规划

包装物是指产品生产企业用于包装其产品的各种包装容器，如箱、桶、罐、瓶等。在一般产品销售活动中，包装物随产品销售是很普遍的，从形式上看，可以分成如下几种类型：

第一，随同产品出售但不单独计价的包装物；

第二，随同产品出售单独计价的包装物；

第三，出租或出借给购买产品的单位使用的包装物。

而在出租出借这种形式下，还可以有具体的分类：一是包装物不作价随同产品出售，只是单纯收取押金；二是既作随同产品出售，同时又另外收取押金；三是不作价随同产品出售，在收取租金的基础上，又收取包装物押金。如某啤酒厂，在销售啤酒的过程中，对周转箱不作价销售，只是收取押金，这属于第一种情况；如果该啤酒厂以较低的价格对周转箱作价，计入销售额之中，另外又规定归还包装物的时间，并收取了押金，这属于第二种情况；如果周转箱求作价销售，而是借给购货方使用，该酒厂对周转箱按实际使用期限收取租金。此外，为了保证包装物的完好，又另外收取部分押金，这就属于第三种情况。

根据《消费税暂行条例实施细则》第十三条的规定：应税消费品连同包装物销售的，无论包装物是否单独计价以及在会计上如何核算，均应并入应税消费品的销售额中缴纳消费税。如果包装物不作价随同产品销售，而是收取押金，此项押金则不应并入应税消费品的销售额中征税。但对因逾期未收回的包装物不再退还的或者已收取的时间超过 12 个月的押金，应并入应税消费品的销售额，按照应税消费品的适用税率缴纳消费税。对既作价随同应税消费品销售，又另外收取的包装物押金，凡纳税人在规定期限内没有退还的，均应并入应税消费品的销售额，按照应税消费品的适用税率缴纳消费税。

另外，根据财政部、国家税务总局《关于酒类产品包装物押金征税问题的通知》规定，对酒类产品生产企业销售酒类产品而收取的包装物押金，无论押金是否返还及会计上如何核算，均需并入酒类产品销售额中征收消费税（啤酒、黄酒除外）。

（一）"先销售后包装"方式，可以大大地降低消费税税负

根据《消费税暂行条例》第三条的规定：纳税人兼营不同税率的应税消费品，应当分别核算不同税率应税消费品的销售额、销售数量。未分别核算销售额、销售数量，或者纳税人将应税消费品与非应税消费品，以及适用税率不同的应税消费品组成成套消费品销售的，应根据销售金额按应税消费品的最高税率纳税。习惯上，工业企业销售产品，都采取"先包装后销售"的方式进行。按照上述规定，如果改成"先销售后包装"方式，不仅可以大大地降低消费税税负，而且增值税税负仍然保持不变。举例说明：

某日用化妆品厂，将生产的化妆品、护肤护发品、小工艺品等组成成套消费品销售。每套消费品由下列产品组成：化妆品包括一瓶香水 30 元、一瓶指甲油 10 元、一支口红 15 元；护肤护发品包括两瓶浴液 25 元、一瓶摩丝 8 元、一块香皂 2 元；化妆工具及小工艺品 10 元、塑料包装盒 5 元。

化妆品消费税税率为 30%，护肤护发品为 17%，上述价格均不含税。

按照习惯做法，将产品包装后再销售给商家。应纳消费税为（30 + 10 + 15 + 25 + 8 + 2 + 10 + 5）×30% = 31.5（元）。

若改变做法，将上述产品先分别销售给商家，再由商家包装后对外销售，应纳消费税为（30 + 10 + 15）×30% +（25 + 8 + 2）×17% = 16.5 + 5.95 = 22.45（元），每套化妆品节税额为 31.5 - 22.45 = 9.05（元）。

（二）改变包装物的作价方式，降低消费税的税负

企业如果想在包装物上节省消费税，关键是包装物不能作价随同产品销售，而应采取收取"押金"的形式，而此项押金必须在规定的时间内收回，则可以不并入销售额计算缴纳消费税。

某汽车轮胎厂，属增值税一般纳税人，某月销售汽车轮胎500个，每个轮胎售价为500元（不含增值税），这批轮胎耗用包装盒500只，每只包装盒售价20元（不含增值税），轮胎的消费税税率为10%。那么，该汽车轮胎厂对包装盒如何处理，才能最大限度地节税？

如果企业将包装盒作价连同轮胎一同销售，包装盒应并入轮胎售价当中一并征收消费税。应纳消费税税额为（5000×500＋20×500）×10%＝251000（元）。

如果企业将包装盒不作价销售而是收取押金，每只包装盒收取20元的押金，则此项押金不应并入应税消费品的销售额计征消费税。该企业应纳消费税为5000×500×10%＝250000（元）。

如果押金在规定期限内（一般为一年）未收回，应将此项押金作为销售额纳税。

由于收取的押金作为价外费用，应属含税的款项，应将押金换算为不含税收入计征税款。该企业应纳消费税为5000×500×10%＋20×500÷（1＋17%）×10%＝250854.70（元）。

由此可见，该轮胎厂只有将包装盒收取押金，且在规定的期限内将包装物押金收回时，才可以达到最大限度地节税效果。

（三）包装物押金逾期退还可获得消费税的1年免费使用权

税法规定，对因逾期未收回包装物不再退还的押金，应按所包装货物适用的税率计算缴纳消费税、增值税。这其中的"逾期"是以1年为限。对收取的押金超过1年以上的，无论是否退还都应并入销售额计税。虽然暂时少纳的税款最终是要缴纳的，但由于其缴纳时限延缓了1年，相当于免费使用银行资金，增加了企业的营运资金，获取了资金的时间价值，为企业的生产经营提供了便利。

因此，企业如果想在包装物上节省消费税，关键是包装物不能作价随同产品出售，而应采取收取"押金"的形式，这样"押金"就不并入应税消费品的销售额计算消费税额。即使在经过 1 年以后，需要将押金并入应税消费品销售额，按照应税消费品的适用税率征收消费税，也使企业获得了该笔消费税的 1 年免费使用权。这种纳税筹划在会计上的处理方法，根据《财政部关于消费税会计处理的规定》（财会〔1993〕83 号），随同产品出售但单独计价的包装物，按规定应缴纳的消费税，借记"其他业务支出"（按目前会计准则，该科目应换为"营业税金及附加"）科目，贷记"应交税费——应交消费税"科目。企业逾期未退还的包装物押金，按规定应缴纳的消费税，借记"其他业务支出"（按目前会计准则，应为"其他业务成本"）、"其他应付款"等科目上，贷记"应交税费——应交消费税"科目。

五、对包装方式的纳税规划

消费税是价内税，其税负的高低直接影响企业的利润水平，企业通过消费税税收筹划，降低消费税负，可提高企业的经济效益。改变成套消费品的销售包装方式，降低消费税负案例解析。

甲酒业有限公司生产各类粮食白酒和果酒，本月将粮食白酒和果酒各 1 瓶组成价值 60 元的成套礼品酒进行销售，这两种酒的出厂价分别为 40 元/瓶、20 元/瓶，均为 1 斤装。该月共销售 5 万套礼品酒。这两种酒的消费税税率分别为粮食白酒：每斤 0.5 元 + 销售额×20%；果酒按销售额×10%。

按《消费税暂行条例》第三条规定：纳税人兼营不同税率的应当缴纳消费税的消费品（以下简称"应税消费品"），应当分别核算不同税率应税消费品的销售额、销售数量；未分别核算销售额、销售数量，或者将不同税率的应税消费品组成成套消费品销售的，从高适用税率。甲酒业公司采用"先包装后销售"方式销售 5 万套礼品酒属于"兼营"行为。同时，该公司将这些适用不同税率的应税消费品组成成套消费品销售，不能分别核算销售额，因此，应按从高原则，即适用粮食白酒的消费税计算方法计税。其应纳消费税税额 = 50000 × (0.5 × 2 +

$60 \times 20\%$ ）＝650000（元）。

对以上案例进行税收筹划，可考虑改变应税消费品的包装方式，采用"先销售后包装"的方式将两种酒分别核算销售额，同时在销售柜台设置礼品盒，在消费者购买两种酒后再用礼品盒进行组合包装，该公司可按两种酒销售额分别计算应纳消费税税额＝$50000 \times (0.5 + 40 \times 20\%) + 20 \times 50000 \times 10\% = 525000$（元）。

由此可见，对应税消费品的包装方式由"先包装后销售"改为"先销售后包装"节约消费税税款＝$650000 - 525000 = 125000$（元）。

六、对纳税环节的纳税规划

消费税的征收不同于增值税。增值税是以每个流通环节的增值额作为课征对象，体现为"道道征收"，而消费税的征收环节具有单一性，即它只是在应税消费品生产、流通或消费的某一环节征税，并不是多环节多次征收。从消费品的生产流通体制表看，国内生产的应税消费品一般要经过生产、批发、零售三个环节，进口的消费品要经过进口、批发、零售三个环节。相对于为数众多的批发商和消费者而言，生产环节和进口环节牵涉到的生产经营者数量最少，从而有利于实行有效的源泉控制和保障税收征管效率，因而将消费税的征收环节确定在消费品生产流通的源头，即产制环节最为适宜。

那么，应税消费品的纳税环节是怎样规定的？纳税人从事应税消费品生产销售的，其纳税环节一般是应税消费品的生产销售环节，且纳税人用于换取生产资料和消费资料、投资入股和抵偿债务、支付代购手续费以及在销售之外另付给购货方或中间人作为奖励和报酬的应税消费品，也属于销售范畴；纳税人将自产自用应税消费品用于连续生产应税消费品以外的其他方面，应在移送使用环节纳税；委托加工应税消费品的纳税环节确定在委托方提货时，由受托方代收代缴税款；进口的应税消费品，纳税环节确定在报关进口环节。但是，对于金银首饰则改在零售环节课征。

由于消费税的课征只选择单一环节，而消费品的流通还存在批发、零售等若干个流转环节，这在客观上为企业选择一定的方式节税提供了可能。企业可以采用分设独立核算的经销部、销售公司的办法，降低生产环节的销售价格向他们供货，经销部、销售公司再以正常价格对外销售，由于消费税主要在产制环节征收，企业的税收负担会因此减轻许多。

某小汽车生产厂，正常小汽车的出厂价为 128000 元/辆，适用税率为 8%。而该厂分设了独立核算的经销部，向经销部供货时价格定为 98000 元/辆，当月出厂小汽车 200 辆。两种销售方式税负对比如下：

厂家直接销售，应纳消费税额为：

$$128000 \times 200 \times 8\% = 2048000 （元）$$

由经销部销售，应纳消费税额为：

$$98000 \times 200 \times 8\% = 1568000 （元）$$

由此，企业可节税 2048000 - 1568000 = 480000 （元）。

现在，这种做法在生产烟、酒、化妆品、摩托车、小汽车的行业里得到较为普遍的应用。这里需要企业注意的是：生产厂家向经销部出售应税消费品时，只能适度压低价格；如果压低幅度过大，就属于税法所称"价格明显偏低"，此时，税务机关就可以行使对价格的调整权。

七、对价税平衡点临界价格的纳税规划

(一) 外购未税与已税原材料的平衡点分析

根据消费税的制度规定，企业外购已税的原材料，其已纳税可以扣除（另有规定者除外），因此一些税务筹划的研究文献指出，企业外购已税的原材料比未税的原材料可能具有税收优势。事实上，外购已税的原材料一定是已经经过一定的加工程序的，对于企业而言，同样用途的原材料，如果购入未税的，一般也就

意味着没有经过深加工、需要企业购入后自己再进一步加工的原材料。前者可以扣税，但一般价格高一些，后者不可扣税，价格会低一些，但需要自己再付出一定的加工费。对于企业而言，加工到相同程度的同类原材料，两种情况下的付出成本对比就构成"外购未税与已税"的平衡点，表述如下：

（外购未税原材料 + 加工费）= 外购已税原材料 × （1 - 扣税率）   （4 - 1）

当等式右边的值低于左边时，则外购已税的原材料为优，反之相反。为了说明平衡点的计算，下面用式（4 - 1）和式（4 - 2）进行说明，而为了证实平衡关系，我们先计算到税后利润进行对比，再用式（4 - 1）进行验证。

【例4 - 9】购入未税原材料。A卷烟厂外购一批未纳消费税的烟叶，其价值500万元，由一车间加工成烟丝，预计加工费为200万元（烟丝成本700万元），然后由二车间加工成卷烟，预计加工费为100万元，生产完成后出售，预计不含税（指增值税，下同）销售收入为1500万元（2000箱，每箱250条，每条价格30元，乙级）。卷烟消费税税率按36%计算，烟丝消费税税率为30%，从量定额税每一标准箱150元，企业所得税税率为25%。因为在平衡关系的分析中，流转税附加基本没有影响，未予考虑。

应纳消费税税额 = $1500 \times 36\% + 0.2 \times 150 = 570$（万元）

税后利润 = $(1500 - 500 - 200 - 100 - 570) \times (1 - 25\%) = 97.5$（万元）

【例4 - 10】购入已税原材料。A卷烟厂购进已经缴纳消费税烟丝，成本1000万元〔相当于（500 + 200）/（1 - 30%）〕，购入后再由二车间继续加工成卷烟对外出售，加工费100万元，其余条件同例4 - 7。

应纳消费税税额 = $1500 \times 36\% + 0.2 \times 150 - 1000 \times 30\% = 270$（万元）

税后利润 = $(1500 - 1000 - 100 - 270) \times (1 - 25\%) = 97.5$（万元）

从税后利润来看，两种情况下是相同的，而加工程度到烟丝时，根据等式
计算的平衡点：$500 + 200 = 1000 \times (1 - 30\%)$

例4 - 9不可扣税，例4 - 10可以扣税300万元，但也增加了烟丝成本300万元（1000 - 700），此时达到了一个平衡。如果外购烟丝成本低于平衡点1000

万元，比如900万元，则利润肯定会提高，计算如下：

应纳消费税税额 = $1500 \times 36\% + 0.2 \times 150 - 900 \times 30\% = 300$（万元）

税后利润 = $(1500 - 900 - 100 - 300) \times (1 - 25\%) = 150$（万元）

因为烟丝价格高出200万元（900 - 700），但扣税达到270万元（900 × 30%），从而使利润提高。

所以在外购原材料的税务筹划中，对于已税与未税的决策，只需要根据式（4 - 1）计算即可。

（二）自行加工与委托加工的税负平衡点分析

委托加工又可以分为加工成半成品和产成品，二者平衡点计算是不同的。下面分别分析。

1. 自行加工与委托加工半成品的平衡点分析

这里首先假定购入是没有经过加工的、未税的原材料，购入后需要在自行加工与委托加工之间决策，而委托加工收回的半成品，其已纳税可以扣除。对于加工到相同程度的同类半成品而言，企业付出成本的对比可以构成一个平衡等式，表述如下：

（买入未税原料 + 自行加工费）=（买入未税原料 + 含税委托加工费 - 加工消费税）　　　　　　　　　　　　　　　　　　　　　　　　　　　　　（4 - 2）

消除式（4 - 2）两边相同项，得到：

自行加工费 = 含税委托加工费 - 加工消费税　　　　　　　　　　　　（4 - 3）

我们将用例4 - 11与例4 - 7的情况对比进行说明，同样先计算税后利润对比，再用式（4 - 3）验证。

【例4 - 11】委托加工半成品。A卷烟厂外购一批未纳消费税的烟叶，其价值500万元，准备委托加工成烟丝，预计加工费为200万元，收回后由二车间加工成卷烟，预计加工费为100万元，其余条件同例4 - 7。

受托方代收代缴烟丝消费税税额 = (500 + 200) ÷ (1 − 30%) × 30% = 300（万元）

即含税委托加工费 500 万元（200 + 300）。

A 卷烟厂应纳消费税税额 = 1500 × 36% + 0.2 × 150 − 300 = 270（万元）

税后利润 = (1500 − 500 − 500 − 100 − 270) × (1 − 25%) = 97.5（万元）

而例 4 − 9 是一个自行加工的情况，税后利润 97.5 万元，二者的半成品为烟丝时，根据式（4 − 3）验证：

自行加工费 200 万元 = 含税委托加工费 500 − 加工消费税 300

如果含税委托加工费不高于 500 万元，则可以委托加工。

2. 自行加工与委托加工产成品的平衡点分析

自行加工产成品对外销售，其计税依据就是不含税售价，而委托加工产成品，收回后直接销售的，由受托方代扣代缴，收回后不再纳税，其计税依据则是组成计税价格。因此，平衡点的计算很简单，可表述：

$$对外销售无税价格 = 组成计税价格 \tag{4 − 4}$$

如果组成计税价格低于无税售价，则委托加工为优。下面用例 4 − 12 与例 4 − 1 对比进行说明。

【例 4 − 12】委托加工产成品。A 卷烟厂外购一批未纳消费税的烟叶，其价值 500 万元，准备委托加工成卷烟，预计加工费为 300 万元，其余条件同例 4 − 7。

受托方代收代缴卷烟消费税税额 = (500 + 300 + 0.2 × 150) ÷ (1 − 36%) × 36% + 0.2 × 150 = 497（万元）

税后利润 = (1500 − 500 − 300 − 497) × (1 − 25%) = 152.25（万元）

例 4 − 9 的对外售价为 1500 万元，而例 4 − 12 的委托加工产成品，其组成计税价格为 1297 万元，即[(500 + 300 + 0.2 × 150) ÷ (1 − 36%)]，因此委托加工为优。

（三）生产企业是否设置下属卷烟批发企业的平衡点分析

2009 年，《财政部国家税务总局关于调整烟产品消费税政策的通知》（财税〔2009〕84 号）规定在卷烟的批发环节加收 5% 的消费税。对于卷烟的生产企业而言，如果设立下属批发企业，一方面可以通过转让定价降低生产企业的税负，但另一方面又会增加批发环节的消费税，那么转让定价的幅度为多少是可行的？

假定生产企业如果不设立下属批发企业，其直接对外的售价为 P；如果设立下属批发企业，其转让给批发企业的价格为 P×R（R 为价格折扣），批发企业对外售价仍然为 P，税负平衡点的 R 是多少？

甲级卷烟（消费税税率为 56%），设下属批发企业和不设的平衡点：

P×R×56% + P×5% = P×56%

R = 91.07%

乙级卷烟（消费税税率为 36%），设下属批发企业和不设批发的平衡点：

P×R×36% + P×5% = P×36%

R = 86.11%

只要生产企业销售给下属批发企业的价格折扣在 91.07% 或 86.11% 以下，设立下属的批发企业就是有利的。

（四）消费品价格制定中的平衡点分析

在消费税制度中，卷烟和啤酒的税率是根据对外售价全额累进的，因此在税率变化的临界点上，如何合理定价就十分重要。下面对卷烟和啤酒的平衡点分别介绍。

1. 卷烟

根据前述财税〔2009〕84 号文的规定，每标准条（200 支）对外调拨价在 70 元以上（含 70 元，不含增值税）的为甲级卷烟，其税率为 56%，以下的为乙级，税率为 36%。因此如果每标准条的价格只比 70 元高一点，加价可能反而不划算，在征税临界点上（70 元）需要计算利润平衡点的加价幅度。

设税率临界点每标准箱的售价为 P，在其基础上提高的倍数为 G，成本为 C，企业所得税率 t，城建税及教育费附加 10% 。税后利润的平衡点：

$$[P - C - (150 + P \times 36\%)] \times 1.11(1 - t) = [P \times G - C - (150 + P \times G \times 56\%) \times 1.1](1 - t) \quad (4 - 5)$$

G = 1.57 倍

也就是说，如果在每标准条 70 元的基础上提价，需要提高到 109.9（70 × 1.57）才划算。

2. 啤酒

根据消费税制度的规定，每吨啤酒出厂价在 3000 元（不含 3000 元，不含增值税）以下的，单位税额 220 元/吨；啤酒无税价格在 3000 元（含 3000 元）以上的，单位税额 250 元/吨。与卷烟类似，如果每吨价格只比 3000 元高一点，加价可能也是不划算的，在征税临界点上也需要计算利润平衡点的加价幅度。

设税率临界点每吨的售价为 P，在其基础上提高金额为 S，成本为 C，企业所得税率为 t，税后利润的平衡点：

$$(P - C - 220 \times 1.1)(1 - t) = (P + S - C - 250 \times 1.1)(1 - t) \quad (4 - 6)$$

S = 33（元）

也就是说提高价格到 3033 元以上才行。

第三节　企业所得税在财税规划中的案例分析

在我国，自 2008 年 1 月 1 日起实施新《企业所得税法》以来，对税前列支出费用项目的相关规定做了很多调整，统一了内外资企业所得税一致，放宽了成本费用的扣除标准和范围。在最近几年国家税制的改革进程中，不断地完善企业所得税税制，出台了许许多多的企业所得税优惠政策和措施。如对高新技术企业所得税优惠措施，对小型微利企业所得税优惠措施，同时，也对企业所得税税前扣除凭证出台了专门的管理办法（国家税务总局公告 2018 年第 28 号文）。这一系列的征管措施和优惠办法，均体现出国家税制对企业所得税征管的不断放宽条件，资料备案不断简化，优惠力度不断变化，税率不断向小型微利企业降低，作为市场主体的纳税人企业，充分利用好税改所带来的政策红利，同时对企业内控体系的建立完善，财税管控体系逐步精细化、规范化，将会决定企业是否能享受到税改带来的好处起到关键的积极作用，在"金三"系统的严密监控下，系统自动运算，分析构建企业画像，可以据此了解企业的各项经营数据及财务指标。过往企业传统采用虚列人员工资，拿发票报销各式费用，虚假买入发票，阴阳合同的存在形成了社会上普遍存在的"二套账"的历史，将逐步消失，在本次大税改的政策背景下，逐步让企业自身意识到系统的建立，系统的完善、系统运作的统筹兼顾，已成必然，让"二套账"成为没有必要；让企业意识到再不从自身规范入手，系统建设和完善，打好做实做牢会计核算基础为重，将面临巨大的税务风险，付出惨重的代价。

一、从企业经营主体优化，股权系统结构调整实现财税规划效益

在企业实际运营中，随着企业的规模不断扩大，多业经营同时存在，如果企业家一味在同一经营主体上不断扩大规模时，必将失去许多税收政策的优惠，如果企业随着规模扩大，将一部分经营分离出去，用不同的主体（子公司、分公司）来实现财税规划效益已成必然，而对内投资者可虚设企业集团，合并财务报表供投资者使用。

首先，《中华人民共和国所得税法实施条例》第九十二条，《企业所得税法》第二十八条第一款所称符合条件的小型微利企业，是指从事国家非限制和禁业行

业，并符合下列条件的企业如表 4 - 1 所示。

表 4 - 1　条件企业

类型	小型微利企业		
	资产总额（万元）	从业人数（人）	应纳税额（万元）
工业企业	不超过 3000	不超过 100	不超过 50
其他企业	不超过 1000	不超过 80	不超过 50

其次，依据 2018 年 7 月，《财政部国家税务局关于进一步扩大小型微利企业所得税优惠政策范围的通知》（财税 [2018] 77 号）和《国家税务局关于贯彻落实进一步扩大小型微利企业所得税优惠政策范围有关征管问题的通告》，（国家税务总局公告 2018 年第 40 号）分别规定，自 2018 年 1 月 1 日起，将小型微利企业年应纳税额所得税上限由 50 万元提高 100 万元；对年应纳税所得税低于 100 万元的小型微利企业，其所得减按 50% 计入应纳税所得额，按 20% 的税率缴纳企业所得税。

最后，2019 年 1 月 9 日，李克强主持召开国务院常务会议，会议决定，对小型微利企业大幅度放宽企业所得税优惠，自 2019 年 1 月 1 日起，小型微利企业的标准及享受的所得税优惠如下（财税 [2019] 13 号），如表 4 - 2 所示。

表 4 - 2　小型微利企业

类型	小型微利企业			
	资产总额（万元）	从业人数（人）	应纳税所得额（万元）	
			不超过 100	100 ~ 300
工业企业	不超过 5000	不超过 300	适用税率所得×25%×20%（即 5% 税负率）	适用税率所得×50%×20%（即 10% 税负率）
其他企业	不超过 5000	不超过 300	适用税率及优惠所得×25%×20%（即 5% 税负率）	适用税率及优惠所得×50%×20%（即 10% 税负率）

【例 4 - 13】某物业管理有限公司 2018 年管理的住宅小区有 42 个，全年营业收入 12600 万元（其中只有 3 个小区的年收入超过 500 万元），员工人数 500

人，年度纳税所得额 1100 万元，按 25% 的所得税税率应纳企业所得税为 275 万元，在税务师做企业所得税汇算清缴时发现，有很大的税务规划空间，故建议如下：

（1）将各项目均设立子公司或分公司；

（2）各子公司或分公司改为独立核算，独立申报纳税。

依据以上建议方案，假定以 2018 年数据测算，各分、子公司均符合小型微利企业，依据现有的优惠政策，所得税至少可节省：$1100 \times 50\% \times 20\% = 110$（万元），节省企业所得税 165 万元。

该案例税务专家利用经营主体的优化实现了：

（1）远离增值税一般纳税 500 万元的限额，增值税降了 3%（本条已在增值税规划中已有详细介绍，本例未作重复）。

（2）靠近了企业所得税的小型微利企业，从而享受了小型微利企业的优惠政策，为企业合法节省企业所得税 165 万元。

（3）优化主体后，各分子公司独立核算、独立申报纳税对企业的内控制度的要求更高，财务会计核算工作必须得到强化和完善，千万牢记做好自身的会计核算基础工作，"做实自己"，入税才无忧；这也体现了习近平总书记所说的"打铁还需自身硬"，在财税管控中的具体运用。

二、从优化企业的费用管控系统入手

（一）业务招待费、会议费、广告费和业务宣传费的管控与规划

业务招待费、会议费、广告费和业务宣传费，在企业会计核算均作为期间费用，计入当期损益；在遵守税收法规及会计准则的前提下，财税管控的实施原则是：尽可能据实加大扣除费用的额度，对有扣除限额的费用应尽可能地达到扣除上限，但在财税实践中，往往企业事前规划不够周密，而导致不能在税前扣除的

现象，这势必加重企业的所得税负担。

1. 业务招待费与会议费之间的转化

企业在会议费发生时，只要能够取得或提供合法真实的票据，即可据实扣除；而业务招待费虽然取得或提供合法、真实的票据，也只能按照现行的税收法规的规定，在限额内据实扣除。当然会议费除提供合法的支出发票，发生时，按照规定应有会议通知、会议议程以及召开会议的文件（通知）等足以证明会议费发生的真实性方可据实扣除。

【例 4 – 14】某企业 2017 年度发生了会议费 8 万元，业务招待费 9 万元（在某酒店举办了 2017 年度感恩客户答谢会），该企业 2017 年实现销售收入 1000 万元，根据现行税收法规的规定，会议费 8 万元，可据实扣除，而业务招待费的扣除限额为 1000 万元 × 5‰ = 5（万元）；而超过 5 万元的部分，则不得扣除即 4 万元。

该企业经过 2017 年的企业所得税汇算清缴调整后，企业在 2018 年事先作出规划，通过业务部门与财务部门沟通后，企业高层作出决定 2018 年不再举办"客户答谢会"；而是将一款新开发产品推出举办："新产品发布及 2018 年订货会"，假定支出总额仍然为 9 万元（其中 2 万元为赠送客户礼品款）。在财务核算时，即会议费为 7 万元，业务招待费为 2 万元，只要保存好会议通知、会议议程及其他会议召开的文件，证明其真实性，则在 2018 年企业所得税汇算清缴时，即可全额据实扣除，不需要再作调整增加应纳税所得额；由此可节省企业所得税 4 × 25% = 1 万元；同时由于费用性质的转化，在取得费用发票时所取得的增值税进项税额也可抵扣（在综合应用时再进行测算，本节不再详述）。

2. 业务招待费与业务宣传费及广告费的合理转换

企业在日常的会计核算中应严格区分业务招待费及业务宣传费，不得混在一起，含混不清，否则就存在纳税调整风险。

【例 4 – 15】某企业 2016 年度发生了业务招待费 60 万元，业务宣传费 100 万元，业务广告费 120 万元；该企业全年实现销售收入为 6000 万元。

根据现行税法的规定，业务招待费的扣除限额：6000×5‰=30（万元），广告费及业务宣传费的扣除限额：6000×15% = 900（万元），则在 2016 年度企业所得税汇算清缴时，业务招待费必须调增应纳所得额 30 万元。

在此基础上，假定 2017 年财务核算数据与 2016 年度不变的情况下，业务部门在财务部门的建议下，将业务招待费 60 万元的支出，分别列支，即在上半年举办了一场新产品发布会及 2017 年下半年订货会，支出为 28 万元，下半年举办一场客户答谢会支出 32 万元（其中，5 万元为新产品宣传用礼品）。在会计核算时，业务招待费支出为 27 万元，通过业务流程及举办会议的性质的改变，在 2017 年企业所得税汇算清缴时，就不需要调增应纳税所得额，业务招待费、广告费及业务宣传费均在税法允许扣除的限额内据实扣除。与 2016 年度相比，节省企业所得税 30×25% = 7.5（万元）。

(二) 业务佣金（或业务提成）支出的规划

在企业实际经营过程中，特别是企业尚处于初创或成长阶段，为了企业产品能迅速占有市场，企业主体都非常重视业务团队的建设和激励，在提升产品竞争力的同时，对业务团队激励显得尤为重要；在制定财务政策时，对产品销售往来采取以销售业绩给予一定的提成，扩大产品销量，调动销售团队的积极性；而这一提成或佣金支出往往又是企业难以取得合法票据的痛点，所以企业在制定相关财务政策时，对业务模式的事前规划必须引起高层的重视。

【例 4 – 16】某企业 2017 年，销售部共有 10 人，销售人员的工资为 2000 元/月，同时给予销售团队按销售业绩提成 1% 作为奖励，假定业务员 A 当年实现销售业绩 1000 万元，提成工资为 10 万元，一般企业的传统做法是为了考虑员工的负担，而员工也不愿作为工资申报个人所得税，导致财务人员就用"简单粗暴"

的方法设置"二套账",将该部分支出不予入账,这势必给企业带来巨大的偷逃税风险。

为了化解企业设置"二套账"的税务风险,企业又能合法地取得票据入账,经企业讨论后与该业务人员协商,由该业务员自行设立一个个体户,然后由个体户开具佣金发票(专用发票),给企业支付该笔业务提成支出,则该业务员新设成立的个体户应承担的税额计算如下:

增值税:$10 \div 1.03 \times 3\% = 2912.62$(元)

个人所得税:$97087.38 \times 1.5\%$(假定税局按 1.5% 核定征收)$= 1456.31$(元)

城建及教育附加:$2912.62 \times (5\% + 3\% + 2\%) = 291.26$(元)

该个体户承担的税费合计:4660.19(元)

这样企业多取得进项税额 2912.62 元,节省增值税 2912.62 元;同时佣金支出可以在企业所得税税前扣除,节省企业所得税 $10 \times 25\% = 2.5$(万元)。而该业务员因已取得了合理的报酬,负担一定的税费支出也容易接受。同时也为企业化解了纳税风险。

通过以上案例,企业在做财税管控系统时,必须提前规划,精准计算,将部分支出的业务分离改为业务外包的形式,实现企业的财税规划的合理、合法的效益。

(三)业务招待费与差旅费的严格区分,合理入账

企业在日常的生产经营过程中,各部门的工作人员时常出现出差的现象,差旅费支出的发生,企业依据实际发生的支出,取得合法票据,依规入账,税法也允许据实扣除。但在财税管控实践中,财务人员有时没有进行认真审核,业务经办人在报销业务时也未严格分类汇总,往往导致差旅费用中的餐饮支出,让财务人员误认为是业务招待支出,在会计核算中把本属于差旅费的餐费,错误计入到"业务招待费",导致企业招待费支出超出税前扣除标准,从而增加了企业的实

际所得税的负担。在财税管控方案实施过程中，对费用管控系统的严格区分，会计人员的认真审核和判断，是实现财税管控效益的关键环节；认真审核，严格区分真正做到"财税工匠精神"在财税管控方案落地时是关键所在。

（四）研发费用支出，在财税管控方案中的运用

新《企业所得税法》第三十条第一项规定，企业开发新技术、新产品、新工艺发生的研发开发费用，可以在计算应纳所得税时加计扣除。企业应充分利用这一优惠政策，努力提高研发水平；同时财政部、国家税务总局、科技部于 2018 年 9 月 22 日联合发文：财税〔2018〕99 号第一项规定：企业开展研发活动中实际发生的研发费用，未形成无形资产计入当期损益的，在按规定据实扣除的基础上，在 2018 年 1 月 1 日至 2020 年 12 月 31 日期间，再按照实际发生额的 75% 在税前摊销。并保存相关佐证材料，以便能充分享受加计扣除的税收优惠。

研发费用加计如图 4－1、表 4－3 所示。

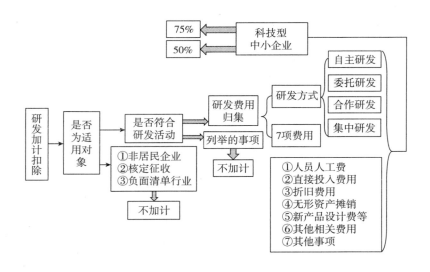

图 4－1　研发费用加计

表 4-3　研发费用

基本规定	企业开展研发活动中实际发生的研发费用，未形成无形资产计入当期损益的，在按规定据实扣除的基础上，按照本年度实际发生额的50%（自2018~2020年为75%），从本年度应纳税所得额中扣除，形成无形资产的，按照无形资产成本的150%在税前摊销	
允许加计扣除的研发费用	人员人工费用	直接从事研发活动人员的工资薪金、基本养老保险费、基本医疗保险费、失业保险费、工伤保险费、生育保险费和住房公积金，以及外聘研发人员的劳务费用（工资包括按规定可以在税前扣除的对研发人员股权激励的支出） 研发活动直接消耗的材料、燃料和动力费用 用于中间试验和产品试制的模具、工艺装备开发及制造费，不构成固定资产的样品、样机及一般测试手段购置费，试制产品的检验费
	直接投入使用	用于研发活动的仪器、设备的运行维护、调整、检验、维修等费用，以及通过经营租赁方式租入的用于研发活动的仪器、设备租赁费
	折旧费	用于研发活动的仪器、设备的折旧费
	无形资产摊销	用于研发活动的软件、专利权、非专利技术（包括许可证、专有技术、设计和计算方法等）的摊销费用
	新产品设计费	新工艺规程制定费、新药研制的临床试验费、勘探开发技术的现场试验费
	其他相关费用	与研发活动直接相关的其他费用，如技术图书资料费、资料翻译费、专家咨询费、高新科技研发保险费、研发成果的检索、分析、评议、论证、鉴定、评审、评估、验收费用、知识产权的申请费、注册费、代理费、差旅费、会议费、职工福利费、补充养老保险费、补充医疗保险费。此项费用总额不得超过可加计扣除研发费用总额的10%
	其他事项	
不适用税前加计扣除政策的行业	烟草制造业 住宿和餐饮业 批发和零售业 房地产业 租赁和商务服务业 娱乐业 财政部和国家税务局规定的其他行业	行业以《国家经济行业分类与代码（GB/4754.2017）》为准，并随之更新

在财税实践中，企业必须充分理解政策、运用政策，正确把握以下四种认识上的概念，并在实际运营中得以做实：

（1）科技型中小企业，只要企业有开发新技术、新产品、新工艺，而实际发生研发费用支出，并向科技部门申请立项为标志，即可享受加计扣除税收优惠政策。

（2）科技型中小企业，申请立项开发新技术、新产品、新工艺，可以申请国家高新技术企业，也可以不申请高新技术企业，不论其是否申请高新技术企业，或申请是否成功成为国家高新技术企业，均可享受研发费用加计扣除的税收优惠。

（3）会计核算设立专门的"研发费用台账"进行研发费用归集核算。

（4）会计核算中进入企业产品成本核算的研发支出，不得加计扣除。

【例 4 – 17】某中型毛纺制造企业，2018 年度开展新产品、新工艺开发项目，共发生符合条件的研发费用为 350 万元，未能形成无形资产。该年度企业实现会计利润（未扣除研发费用）为 1300 万元，假定按税法规定没有其他的调整事项，企业所得税税率为 25%。

所得税处理：

（1）企业实际发生的 350 万元可在税前据实扣除；

（2）另外按照 75% 加计扣除抵减应纳所得税额。

则该年度的应纳所得税额计算如下：

应纳所得税额：（1300 – 350 – 350 × 75%）× 25% = 171.88（万元）

优惠政策效果分析：未享受加计扣除企业应纳所得税为 237.50 万元，比享受加计扣除后应纳所得税 171.88 万元，享受税收优惠减少了 65.62 万元。

（五）高新技术企业在财税管控方案中的运用

根据《高新技术企业认定管理办法》国科火发〔2016〕32 号和《高新技术企业认定管理工作指引》国科火发〔2016〕195 号，量化了享受优惠的关键指标条件：

（1）企业从事研发和相关技术创新活动的科技人员占企业当年职工总数的

比例不低于10%。

（2）近三年研发费用占销售收入的比例：

1）销售收入为5000万元以下企业比例不低于5%。

2）销售收入为5000万元至2亿元的企业比例定为4%。

3）销售收入为2亿元以上的企业比例定为3%。

其中：企业在中国境内发生的研发费用总额占全部研发费用总额的比例不低于60%。

4）近一年高新技术企业产品（服务）收入占企业同期总收入的比例不低于60%。

5）企业申请认定时须注册成立一年以上。

6）企业通过自主研发、受让、受赠、并购等方式，获得对其主要产品（服务）在技术发挥核心支持作用的知识产权的所有权。

7）对企业主要产品（服务）发挥核心支持作用的技术属于《国家重点支持的高新技术领域》规定的范围。

8）企业申请认定前一年内发生重大安全、重大质量事故或严重环境违法行为。

同时，依据国务院印发《关于加快科技服务发展的若干意见》，意见明确，企业认定为《高新技术企业》可以减按15%的税率征收企业所得税。

【例4-18】 依据例4-15的企业数据，该企业同时于2018年向科技部门申请认定为高新技术企业，则该企业的应纳税额可享受15%的税率优惠。

则2018年企业应纳所得税额计算如下：

应纳所得税额：（1300-350-350×75%）×15%=103.13（万元）

优惠政策效果分析：未申请高新、未享受加计扣除的应纳所得税额为237.50万元；享受研发费用加计扣除、未申请高新技术企业（或申请未通过审核）的，应纳所得税额为171.88万元；已申请高新技术企业，并享受研发费用加计扣除的，应纳所得税额为103.13万元；双重享受税收优惠减少了企业所得税负担为

134.37 万元。

（六）其他企业所得税优惠政策的规划

企业所得税法对税收优惠的方式，还有以下几方面：

（1）行业优惠，例如：企业从事农、林、牧、渔业项目的所得，可以免征、减征企业所得税。

（2）技术活动优惠，例如：符合条件的技术转让所得免征、减征企业所得税，是指一年内，居民企业技术转让所得不超过 500 万元的部分，免征企业所得税；超过 500 万元的部分，减半征收企业所得税。

（3）环保节能优惠，例如，环境保护、节能节水项目所得自取得第一笔收入年度起，三免三减半的优惠政策。

（4）社会公益，企业安置残疾人员所支付的工资可享受加计扣除，即企业安置残疾人员，在按照支付给残疾职工工资据实扣除基础上，按照支付给残疾职工工资的 100% 加计扣除。

【例 4 - 19】某塑胶精密模具有限公司，在 2016 年度开发新产品技术，申请了一项发明专利技术，于 2017 年度转让该技术给甲公司改进原有产品技术，提高生产效率，使用期限为两年，共取得专有技术使用费 850 万元；技术转让费当年度一次收取，则该精密模具有限公司该项技术转让所得的企业应纳所得税额为（850 - 500）× 25% × 50% = 43.75（万元）。

若该精密模具有限公司技术转让使用费 850 万元，分别于 2017 年度收取 450 万元，2018 年度收取 400 万元时，则该精密模具有限公司该项技术转让费则不需要缴纳企业所得税，可再节省企业所得税为 43.75 万元。

附：企业所得税优惠明细。

表 4-4　企业所得税优惠明细

优惠环节	优惠形式	优惠项目
优惠	减半征收	①花卉、茶等其他饮料、香料作物的种植 ②海水养殖、内陆养殖
		符合条件的非营利组织收入
	减计收入	资源综合利用取得的收入
扣除优惠	加速折旧	由于技术进步、产品更新换代较快的固定资产 常年处于强震动、高腐蚀状态的固定资产
	加计扣除	研发新产品、新技术、新工艺发生的费用（加计扣除 50%，自 2018~2020 年按 75%）
		残疾人员工资（加计扣除 100%）
	投资抵扣	符合条件的创投企业投资额按 70% 抵扣应纳税额
所得优惠	所得免税	①粮食、蔬菜、水果等经济作物种植 ②农作物新品种的选育 ③中药材的种植 ④林木的培育与种植 ⑤牲畜、家禽的饲养 ⑥林产品的采集 ⑦农产品的初加工、农业服务 ⑧远洋捕捞
		非居民企业取得的符合条件的所得
	免征减半	技术转让所得 ≤500 万元的部分免税 技术转让所得 >500 万元的部分减半征收
	三免三减半	从事国家重点扶持的公共基础设施项目投资经营所得
		从事符合条件的环境保护、节能节水项目
税收优惠	20%	符合条件的小型微利企业
	15%	高新技术企业
	10%	非居民企业所得税源泉扣缴
税额优惠	投资抵免（10%）	环境保护专用设备
		节能节水专用设备
		安全生产专用设备
	免征（40%）	民族自治地方企业应纳企业所得税中属于地方分享部分

（七）选用恰当的会计政策在财税管控方案的运用

在财税实践中，企业的存货管控系统及资产管控系统，为会计核算的会计政策选用提供了便利条件，结合企业发展战略及企业对长远市场变化的预测，结合企业实际运营情况，制定恰当的会计政策为企业财税规划，起到关键的作用。

存货是企业在生产经营过程中为生产消耗或销售而持有的各种资产，包括各种原材料、燃料、包装物、低值易耗品、在产品、产成品、外购商品、协作件、自制半成品等。现行税收和财务制度为企业进行存货计价方法的选择提供了空间，也为企业开展纳税筹划、减轻所得税税负、实现税后利润最大化提供了法律依据。

一般情况下，选择加权平均法或移动加权平均法，对企业发出和领用存货进行计价，企业计入各期产品成本等存货的价格比较均衡，不会忽高忽低，特别是在材料等存货价格差别较大时，可以起到缓冲的作用，使企业产品成本不致发生较大变化，各期利润比较均衡。而在物价持续下降的情况下，则应选择先进先出法对企业存货进行计价，才能提高企业本期的销货成本，相对减少企业当期损益，减轻企业的所得税负担。同理，在物价持续上涨的情况下，则不能选择先进先出法对企业存货进行计价，只能选择加权平均法、移动平均法和个别计价法等方法。需要注意的是，新的会计准则和税收法规已经不允许使用后进先出法。而在物价上下的波动的情况下，则宜采用加权平均法或移动加权平均对存货进行计价，以避免因各期利润忽高忽低造成企业各期应纳所得税额上下波动，增加企业安排应用资金的难度，甚至可能会使企业在应纳所得税额过高年度因没有足够的现金缴纳税收，而陷入财务困境，影响企业的长远发展。

固定资产折旧是缴纳所得税前准予扣除的项目，在收入既定的情况下，折旧额越大，应纳税所得额就越少。我们可以从三个方面加大固定资产的折旧：折旧方法的选择、折旧年限的估计和净残值的确定。

首先，固定资产的折旧方法主要有平均年限法、工作量法、双倍余额递减法、年数总和法。对十大行业还可采用加速折旧，在这四种方法中，双倍余额递减法、年数总和法可以使用前期多提折旧，后期减少折旧。在折旧方法确定之后，首先应估计折旧年限，在税率不变的前期下，企业可尽量选择最低的折旧年限。所以，对符合条件的固定资产可以缩短折旧年限或者采取加速折旧的方法。

其次，还应估计净残值。固定资产在计算折旧前，应当估计残值，从固定资产原值中减除。新税法不再对固定资产净残值率规定下限，企业根据固定资产性质和使用情况，合理确定固定资产的预计净残值。一经确定，不得变更。由于情况特殊，需调整残值比例的，应报税务机关备案。因此，在税率不变的前提下，企业在估计净残值时，应尽量估计低一点，以便企业的折旧总额相对多一些，而各期的折旧额也相对多了，从而使企业在折旧期间少缴纳所得税。

最后，在税率不变的情况下，固定资产成本可以提前收回，导致企业生产经营前期应纳税所得额减少，后期应纳税所得额增加，可以获得延期纳税的好处。从资金时间价值方面来说，企业前期减少的应纳所得税额相当于企业取得了相应的融资贷款，而且是免费的资金。在当前中小企业融资普遍困难的情况下，这对中小企业来说是相当宝贵的。

【例4－20】某电子科技企业，开发一款新产品上市投入批量生产，为该款产品生产增加配套设备价值1000万元，设备使用寿命为3年；该款产品未来3年产量为50万个，产品售价根据市场部门预测如表4－5所示。

表4－5 部门预测

类别 \ 年限	生产数量（万个）	售价	金额（万元）	毛利贡献
第一年	50	30	1500	650
第二年	50	20	1000	450
第三年	50	10	500	200
合计	150		3000	

假定该企业其他各生产要素成本及期间费用不变的情况下，对新增加设备折

旧采用平均年限与年数总和的情况下，对企业所得税的影响（假定残值率为5%）如表4-6所示。

表4-6 对企业所得税的影响

类别 \ 年限	毛利贡献（万元）	折旧		应纳税所得额		所得税	
		平均年限（年）	年数总和（万元）	平均年限（年）	年数总和（万元）	平均年限（年）	年数总和（万元）
第一年	650	316.67	475	333.33	175	83.33	43.75
第二年	450	316.67	316.67	133.33	133.33	33.33	33.33
第三年	200	316.67	158.33		41.67		10.42
合计						116.66	87.50

从以上计算可以看出，如果采用年数总和法计提折旧比采用平均年限法计提折旧，在未来3年可累计减少企业所得税额为29.16万元。

第四节 个人所得税在企业财税规划中的案例分析

个人所得税是目前我国仅次于增值税、企业所得税的第三大税种，在筹集财政收入、调节收入分配方面发挥着重要作用。党中央、国务院高度重视推进个人所得税改革工作。习近平总书记指出，财政是国家治理的基础和重要支柱，科学的财税体制是优化资源配置、维护市场统一、促进社会公平、实现国家长治久安的制度保障，要深化税收制度改革，逐步建立综合与分类相结合的个人所得税制。李克强总理在2018年政府工作报告中提出，改革个人所得税，提高个人所得税起征点，增加子女教育、大病医疗等专项费用扣除，合理减负，鼓励人民群众通过劳动增加收入、迈向富裕。

根据2018年8月31日中共第十三届全国人民代表大会常务委员会第五次会

议《关于修改〈中华人民共和国个人所得税法〉的决定》（第七次修正）。

一、修改的总体思路

这次修改个人所得税法，旨在落实党中央、国务院关于个人所得税改革的决策部署，依法保障个人所得税改革顺利实施。修改工作坚持突出重点，对现行个人所得税法不适应改革需要的内容进行修改，补充、完善保障改革实施所需内容。对其他内容，原则上不做修改。

二、修改的主要内容

（一）完善有关纳税人的规定

现行个人所得税法规定了两类纳税人：一是在中国境内有住所，或者无住所而在境内居住满一年的个人，从中国境内和境外取得的所得，缴纳个人所得税；二是在中国境内无住所又不居住，或者无住所而在境内居住不满一年的个人，从中国境内取得的所得，缴纳个人所得税。从国际惯例看，一般将个人所得税纳税人分为居民个人和非居民个人两类，两类纳税人在纳税义务和征税方式上均有所区别。现行个人所得税法规定的两类纳税人实质上是居民个人和非居民个人，但没有明确作出概念上的分类。为适应个人所得税改革对两类纳税人在征税方式等方面的不同要求，便于税法和有关税收协定的贯彻执行，草案借鉴国际惯例，明确引入了居民个人和非居民个人的概念，并将在中国境内居住的时间这一判定居民个人和非居民个人的标准，由现行的是否满 1 年调整为是否满 183 天，以更好地行使税收管辖权，维护国家税收权益。

（二）对部分劳动性所得实行综合征税

现行个人所得税法采用分类征税方式，将应税所得分为11类，实行不同征税办法。按照"逐步建立综合与分类相结合的个人所得税制"的要求，结合当前征管能力和配套条件等实际情况，草案将工资、薪金所得，劳务报酬所得，稿酬所得，特许权使用费所得4项劳动性所得（以下简称综合所得）纳入综合征税范围，适用统一的超额累进税率，居民个人按年合并计算个人所得税，非居民个人按月或者按次分项计算个人所得税。同时，适当简并应税所得分类，将"个体工商户的生产、经营所得"调整为"经营所得"，不再保留对"企事业单位的承包经营、承租经营所得"，该项所得根据具体情况，分别并入综合所得或者经营所得。对经营所得，利息、股息、红利所得，财产租赁所得，财产转让所得，偶然所得以及其他所得，仍采用分类征税方式，按照规定分别计算个人所得税。

（三）优化调整税率结构

（1）综合所得税率（加税率表略）。
（2）经营所得税率（加税率表略）。

（四）提高综合所得基本减除费用标准

按照现行个人所得税法，工资、薪金所得的基本减除费用标准为3500元/月，劳务报酬所得、稿酬所得、特许权使用费所得，每次收入不超过4000元的，减除费用800元；4000元以上的，减除20%的费用。草案将上述综合所得的基本减除费用标准提高到5000元/月（6万元/年）。这一标准综合考虑了人民群众消费支出水平增长等各方面因素，并体现了一定前瞻性。按此标准并结合税率结构调整测算，取得工资、薪金等综合所得的纳税人，总体上税负都有不同程度下降，特别是中等以下收入群体税负下降明显，有利于增加居民收入、增强消费能力。该标准对于在中国境内无住所而在中国境内取得工资、薪金所得的纳税人和在中国境内有住所而在中国境外取得工资、薪金所得的纳税人统一适用，不再保留专门的附加减除费用（1300 元/月）。

（五）设立专项附加扣除

草案在提高综合所得基本减除费用标准，明确现行的个人基本养老保险、基本医疗保险、失业保险、住房公积金等专项扣除项目以及依法确定的其他扣除项目继续执行的同时，增加规定子女教育支出、继续教育支出、大病医疗支出、住房贷款利息和住房租金等与人民群众生活密切相关的专项附加扣除。专项附加扣除考虑了个人负担的差异性，更符合个人所得税基本原理，有利于税制公平。

（六）增加反避税条款

目前，个人运用各种手段逃避个人所得税的现象时有发生。为了堵塞税收漏洞，维护国家税收权益，草案参照企业所得税法有关反避税规定，针对个人不按独立交易原则转让财产、在境外避税地避税、实施不合理商业安排获取不当税收利益等避税行为，赋予税务机关按合理方法进行纳税调整的权力。规定税务机关作出纳税调整，需要补征税款的，应当补征税款，并依法加收利息（第六条）。

此外，为保障个人所得税改革的顺利实施，草案还明确了非居民个人征税办法，并进一步健全了与个人所得税改革相适应的税收征管制度。针对个人的各项所得如何准确、依法纳税以及个人各项所得之间在合法依规的前提下如何规划，以实现个人财富最大化，本书未作详尽介绍，编者在日后的"个人财富管理与个人所得税规划"中专题解读，本书以企业的角度（以代扣代缴人的利益相结合）分析和利用法规实现企业财税规划效益。

三、个人所得税在企业财税规划中的运用分析

企业经营离不开雇佣劳动者，在对劳动者支付工资薪金时，企业依法成为代

扣代缴义务人，因此，产生企业与个人纳税义务人之间对税收负担的规划与协调。要妥善处理好这两者的关系与负担，以实现企业财税规划的效益。

综合所得中工资薪金所得企业在列支人员工资费用时，必须以个人实得的工资、薪金数额发放，在现行的征管体制下，"金三"系统将自动以代扣代缴的工资数额与企业实际列支的数额进行比对，在传统申报的数额和人数与企业账面列支的数额和人数不一致的方法，已无法侥幸过关。同时，社会养老保险、公积金均已纳入税务统一征收，计算"五险一金"的工资基数与人数，均可实现"金三"的比对。因此，企业作为用工主体，在列支工资费用时，究竟该如何事前规划，对用工模式，业务外包等提出了要求，作为财务工作者与税务专家的深入研究，已成必然。

（一）销售业务外包

将原来销售部门的人员工资业务提成、奖励等开支、分离改由销售人员成立"合伙企业"承包原公司的销售业务。

【例 4 - 21】某制造公司原销售部共 5 人，人均年薪为 150000 元，该部门年实际列支的工资费用为 750000 元，企业应承担的社保费支出为 120000 元，个人承担的社保支出为 65250 元，代扣代缴个人所得税为 32400 元，假定该公司 2018 年实现销售收入为 5000 万元，利润总额为 250 万元。

（1）按工资费用列支前提下，个人实得数额：

实得收益：750000 - 65250 - 32400 = 652350（元）

（2）改由合伙企业承包该公司的销售业务，开具增值税发票，费用总额不变。

1）合伙企业税负计算。

增值税月营业额为 62500 元未达到 10 万元/月，免征增值税。

个人所得税所得额（采用核定所得率 7%）=（750000 × 7% ÷ 5）= 10500（元）

个人所得税：10500 × 5% × 5 = 2625（元）

实得收益：750000 − 2625 = 747375（元）

相较于工资收益高：95025（元）

2）该制造企业的效益影响。

按工资费用列支的税后利润：250 ×（1 − 25%）= 187.50（万元）

按合伙企业业务费用列支的税后利润：（250 + 12）×（1 − 25%）= 196.50（万元）

税后利润多：9 万元。

由于该制造公司将原销售业务外包，可实现个人与公司的实际收益增长。

（二）劳务外包

在建筑施工企业中，由于施工地点经常变化，施工要求不一，民工用量较大，同时，往往出现施工地点与企业常驻地（或注册地）不同，人员管理分散。实行班组管理，落实班组承包责任制，因此，将原来雇佣劳工，改为班组成立个体经营责任制，既不会增加班组承包者的税费负担，又可解决企业用工太多，个人所得税及关联"五险一金"的负担太重的问题。

【例 4 − 22】某建筑施工企业，某工地施工的劳务成本为 300 万元，分为 5 个班组施工，由于施工地点偏远，临时在当地雇用民工，如签订劳动用工合同，难以管理，法律风险更大，如不签订劳动用工合同，施工期又较长，无法取得合法票据入账，因此财务人员与税务人员商量，由班组去成立个体户，由施工企业与各个体户签订劳务外包合同，取得建筑劳务发票入账，也可把个人所得税及"五险一金"合法地控制在可承受的区间；按 5 个个体户测算，每个个体户的税费负担：

增值税：每月劳务费用 = 300 ÷ 5 ÷ 12 = 5（万元）（根据现行增值税规定，每月销售额 10 万元以下，免征增值税）

个人所得额：60 × 7% = 42000（元）（个体经营户的个人所得税可核定征收；假定核定所得率为 7%）

个人所得税：$30000 \times 5\% + 12000 \times 10\% = 2700 \times 5 = 13500$（元）

施工企业可适当提高劳务价（按实际成本提高5‰左右），即可取得合法票据入账，减少企业应纳税所得额，节省企业所得税约为 $300 \times 25\% = 75$（万元）。

在企业的财税规划实践中，利用个人所得税的征管方式灵活，微型企业的税收优惠，个人所得税的核定征收方式，为企业及时取得合法票据入账，降低企业整体税负，在各行业中还可以从以下几方面剥离有关业务费用：

（1）加工费。

（2）产品的设计及研发费用。

（3）产品的广告宣传费。

（4）相对稳定的较大支出的管理费用，如财务外包、人事外包。

（5）保安服务外包及保法服务外包等。

在落实外包业务的同时，充分考虑调动原管理人员的积极性，推动部分有一定经营管控思维的人员积极创业，即减轻企业负担，又使企业为推动创业提供良好的创业环境，收到良好的社会效益。

第五节　货币还是财产出资对个人所得税和企业所得税的影响

随着市场经济的发展，个人投资行为和投资交易活动在我国越来越普遍，对其进行规范的公司法、税收法律法规也陆续出台和日臻完善。特别是在国家税务总局公告2014年第67号发布《股权转让所得个人所得税管理办法（试行）》以及《财政部国家税务总局关于个人非货币性资产投资有关个人所得税政策的通知》（财税〔2015〕41号）的出台，关于个人投资行为的涉税事项相关的税收问题也逐渐清晰明了。

我国对个人投资交易活动的税收征管大体经历了三个阶段：第一个阶段是在2005年实行股权分置改革以前的初期；第二阶段是在2009年前的逐步完善期；第三阶段是2009～2011年的税收政策完成期。

　　早在1993年10月31日全国人大常委会通过第一次修正《个人所得税法》时就将"财产转让所得"列为个人所得税的征税范围，财产转让所得是指个人转让有价证券、股权、建筑物、土地使用权、机器设备、车船以及其他财产取得的所得。财产转让所得税率为20%。可见，从税收立法层面就规定了个人转让股权所得要缴纳个人所得税。国家税务总局先后下发了几个文件，如《关于企业改组改过程中个人取得的量化资产征收个人所得税问题的通知》（国税发〔2000〕60号）、《关于联想集团改制员工取得的用于购买企业国有股权的劳动分红征收个人所得税问题的通知》（国税函〔2001〕832号）、《关于工商登记信息与税务登记信息交换与共享问题的通知》（国税发〔2003〕81号）等。

　　2004年下发了《国务院关于推进资本市场改革开放和稳定发展的若干意见》（国发〔2004〕3号）文件后，2005年我国推出股权分置改革试点工作。随着股改的推出，极大地激发了资本市场和投资市场的热情，资本交易事项日趋活跃。与此同时，国家税务总局也批复了几个专门性文件，如《关于纳税人收回转让的股权征收个人所得税问题的批复》（国税函〔2005〕130号）、《关于个人股权转让过程中取得违约金收入征收个人所得税问题的批复》（国税函〔2006〕866号）和《关于股权转让收入征收个人所得税问题的批复》（国税函〔2007〕244号）。这三个文件分别解决了股权转让后又收回、取得股权转让违约金及承债式转让股权如何计税的问题，进一步完善了股权转让的税收政策。

　　2009年，个人转让股权的一个标志性的税收政策出台了，《国家税务总局关于加强股权转让所得征收个人所得税管理的通知》（国税发〔2009〕285号）闪亮登场，标志着对股权转让所得征收个人所得税工作正式拉开了帷幕。

　　2009年底，财政部、国家税务总局和证监会三部委紧急出台了《关于个人转让上市公司限售股所得征收个人所得税有关问题的通知》（财税〔2009〕167

号），时隔近一年，下发了补充性文件《关于个人转让上市公司限售股所得征收个人所得税有关问题的补充通知》（财税［2011］70号）。为此，国家税务总局先后出台了四个配套性文件：《关于做好个人转让限售股所得个人所得税征收管理工作的通知》（国税发［2010］8号）、《关于印发〈限售股个人所得税政策解读稿〉的通知》（所便函［2010］5号）、《关于限售股转让所得个人所得税征缴有关问题的通知》（国税函［2010］23号）和《关于企业转让上市公司限售股有关所得税问题的公告》（税总公告2011年第39号）。2011年12月30日，财政部和国家税务总局下发了《关于证券机构技术和制度准备完成后个人转让上市公司限售股有关个人所得税问题的通知》（财税［2011］108号），然后，国家税务总局发布了《关于股权转让所得个人所得税计税依据核定问题的公告》（税总公告2010年第27号），该公告将公平交易价格作为自然人股权转让所得征收个人所得税的计税依据，计税依据明显偏低且无正当理由的，主管税务机关可以进行核定征收，并明确了"正当理由"的三种情况，以及国家税务总局和国家工商行政管理总局再次联合下发了《关于加强工商税务合作实现股权转让信息共享的通知》（国税发［2011］126号）。

《公司法》规定，股东可以用货币出资，也可以用实物、知识产权、土地使用权等货币估价并可以依法转让的非货币财产作价出资。对作为出资的非货币财产应当评估作价，核实财产，不得高估或者低估作价。

一、货币出资的影响

个人直接以货币出资，被投资企业收到的也是货币资金，不存在重新估值的问题，因此对个人以及被投资企业都是直接以所投的货币资金作为成本，仅需要根据出资合同缴纳印花税即可，不存在其他税收。

二、非货币实物出资的税收影响

个人以实物设备出资，根据《公司法》的规定，非货币实物出资需要由独立的资产评估事务所进行评估，根据评估价值作为股东投资入股的依据，而当实物设备由个人转移到企业时，就面临增值税和个人所得税。

（一）增值税

根据《增值税暂行条例》（中华人民共和国国务院令第538号，以下简称条例）第一条的规定："在中华人民共和国境内销售货物或者提供加工、修理修配劳务以及进口货物的单位和个人，为增值税的纳税人，应当依照本条例缴纳增值税。"

根据《中华人民共和国增值税暂行条例实施细则》（中华人民共和国财政部国家税务总局令第50号，以下简称细则）第四条的规定："单位或者个体工商户的下列行为，视同销售货物：……（六）将自产、委托加工或者购进的货物作为投资，提供给其他单位或者个体工商户。"

所以说，单位或个体工商户以机器设备投资入股成立有限公司需要缴纳增值税。

但如果自然人以机器设备投资入股成立有限公司，是否需要缴纳增值税，又需要分为以下几种情况来分析：

1. 以使用过的机器设备投资入股成立有限公司

根据条例第十五条的规定："下列项目免征增值税：……（七）销售的自己使用过的物品。"

根据细则第三十五条的规定："条例第十五条规定的部分免税项目的范围，限定如下：……（三）第一款第（七）项所称自己使用过的物品，是指其他个人自己使用过的物品。"

所以,自然人以自己使用过的物品投资入股成立有限公司不需要缴纳增值税。

2. 以全新的机器设备投资入股成立有限公司

自然人以全新的机器设备投资入股成立有限公司,是否需要缴纳增值税,又分为两种情况分析:

(1)未产生溢价的投资入股。在这种情况下,建议投资人直接以货币进行投资成立有限公司后,再以公司名义购买机器设备。

(2)产生溢价的投资入股。根据细则第九条的规定:"条例第一条所称单位,是指企业、行政单位、事业单位、军事单位、社会团体及其他单位。条例第一条所称个人,是指个体工商户和其他个人。"

而细则第四条第六款规定的"(六)将自产、委托加工或者购进的货物作为投资,提供给其他单位或者个体工商户"视同销售的行为,仅指"单位或者个体工商户",没有把"其他个人"明确出来。但是,财税〔2015〕41号文明确:"个人以非货币性资产投资,属于个人转让非货币性资产和投资同时发生。"

因此,从以上政策分析,我们认为,自然人以全新的机器设备投资入股成立有限公司,应该缴纳增值税。

综上所述,个人以实物设备出资对外投资,所涉及的增值税政策较复杂,需要具体问题进行具体分析,并且全国各地具体执行的口径也是有差别的。

(二)个人所得税

根据《财政部 国家税务总局关于个人非货币性资产投资有关个人所得税政策的通知》(财税〔2015〕41号)的规定,各省、自治区、直辖市、计划单列市财政厅(局)、地方税务局,新疆生产建设兵团财务局:为进一步鼓励和引导民间个人投资,经国务院批准,将在上海自由贸易试验区试点的个人非货币性资产投资分期缴税政策推广至全国。

现就个人非货币性资产投资有关个人所得税政策通知如下：

（1）个人以非货币性资产投资，属于个人转让非货币性资产和投资同时发生。对个人转让非货币性资产的所得，应按照"财产转让所得"项目，依法计算缴纳个人所得税。

（2）个人以非货币性资产投资，应按评估后的公允价值确认非货币性资产转让收入。非货币性资产转让收入减除该资产原值及合理税费后的余额为应纳税所得额。个人以非货币性资产投资，应于非货币性资产转让、取得被投资企业股权时，确认非货币性资产转让收入的实现。

（3）个人应在发生上述应税行为的次月15日内向主管税务机关申报纳税。纳税人一次性缴税有困难的，可合理确定分期缴纳计划并报主管税务机关备案后，自发生上述应税行为之日起不超过5个公历年度内（含）分期缴纳个人所得税。

（三）印花税

一般情况下，在投资设立新公司的过程中，对于新设立的营业账簿，需要缴纳印花税。涉及财产转让的，还需要缴纳购销合同印花税。

从上述政策可以看出，个人以非货币资产出资，涉及增值税、个人所得税和印花税，当被投资企业收到设备投资后，只要符合《企业所得税税前扣除凭证管理办法》的规定，需要交增值税的情形交完增值税凭增值税发票在税前折旧列支，不需要交增值税的情形凭合作协议或投资协议、出资确认书等在税前折旧列支。

当然，需要注意的是个人以实物设备资产增资，无法开具增值税专用发票，其增值税款不能抵扣，与企业直接购买设备相比，会导致增值税负增加。

三、非货币实物知识产权出资的税收政策

(一) 增值税

财税〔2016〕36 号附件三中对于《部分现代服务业营业税改征增值税试点过渡政策的规定》明确个人转让著作权；试点纳税人提供技术转让、技术开发和与之相关的技术咨询、技术服务，免征增值税。

其中技术转让，是指转让者将其拥有的专利和非专利技术的所有权或者使用权有偿转让他人的行为；技术开发，是指开发者接受他人委托，就新技术、新产品、新工艺或者新材料及其系统进行研究开发的行为；技术咨询，是指就特定技术项目提供可行性论证、技术预测、专题技术调查、分析评价报告等。

(二) 个人所得税

根据《财政部 国家税务总局关于个人非货币性资产投资有关个人所得税政策的通知》（财税〔2015〕41 号）规定，个人以非货币性资产投资，属于个人转让非货币性资产和投资同时发生。对个人转让非货币性资产的所得，应按照"财产转让所得"项目，依法计算缴纳个人所得税。国家税务总局公告 2016 年第 62 号《关于股权激励和技术入股所得税征管问题的公告》明确以技术成果投资入股，可以递延纳税。

企业或个人以技术成果投资入股到境内居民企业，被投资企业支付的对价全部为股票（权）的，企业或个人可选择继续按现行有关税收政策执行，也可选择适用递延纳税优惠政策。选择技术成果投资入股递延纳税政策的，经向主管税务机关备案，投资入股当期可暂不纳税，允许递延至转让股权时，按股权转让收入减去技术成果原值和合理税费后的差额计算缴纳所得税。

（三）对被投资企业所得税的影响

被投资企业收到股东的知识产权投资入股，凭免税发票或投资协议入账，计提折旧扣除，可以减少企业所得税支出，而个人所得税则是在后期股权转让时才扣除。

第六节 土地增值税在财税管控中的案例分析

土地增值税是针对房地产开发企业，在增值税普遍征收的基础上，再行设置征收的税种，在房地产开发企业中，成本费用构成主要部分，包括土地价款、开发成本、开发费用及其他费用；销售形式一般为毛坯销售及精装销售。同时，土地增值税是按分期立项分期进行清算，所以对房地产开发企业来讲，从开始取得时，对各项取得成本，销售方式与定价进行全面准确预测显得特别重要和关键。

一、利息支出在财税管控中的应用

房地产开发企业在进行房地产开发业务过程中，对每个项目开发时，一般都会大量使用借款，利息支出成为开发费用中的重要项目，而利息支出的不同扣除方式也就必然对房地产开发企业的应纳土地增值税产生重大影响，根据现行税收法规的规定，利息支出分两种情况确定扣除：

（1）凡能按转让房地产项目分摊并提供金融机构贷款证明的，允许据实扣除；但最高不得超过按商业银行同期贷款利率计算的金额，则其他开发费，按取得土地使用权支付的金额和房地产开发成本金额5%以内计算扣除。

房地产开发费用＝允许扣除的利息＋（取得土地使用权支付金额＋开发成

本）×扣除比例（5%以内）

（2）凡不能按转让房地产项目计算分摊利息支出或不能提供金融机构证明的，利息支出要并入房地产开发费用，合并计算扣除。

房地产开发费用＝（取得土地使用权支付的金额＋房地产开发成本）×扣除比例（10%以内）

以上两类计算扣除的具体比例，由省级人民政府具体规定。这一规定为房地产开发企业的财税管控提供了规划的空间，在具体房地产开发项目时，究竟使用金融机构贷款还是使用关联企业借款或者是用自有资金进行开发等情况；当按第1种情况计算的开发费用大于按第2种情况计算的开发费用时，则企业不但要按项目分摊利息支出。同时，应提供并保存好金融机构贷款证明；这样可以扣除项目金额增加，土地增值税的计税依据减少。

【例4-23】某房地产开发公司某项目开发住宅用房，支付的土地价款为1500万元，开发成本为3000万元，开发过程中需外借资金为3500万元，借款利息为7%（与同期银行贷款利率相同）。

方案一，按项目计算分摊，能提供金融机构贷款证明，利息费用据实扣除，可扣除的利息费用：

可扣除的利息费用：3500×7%＝245（万元）

房地产开发费用列支：245＋（1500＋3000）×5%＝470（万元）

方案二，按项目计算分摊或不能提供金融机构贷款证明，则利息费用不得单独核算，而应并入房地产开发费用中合并计算扣除：

房地产开发费用列支：（1500＋3000）×10%＝450（万元）

比较方案一与方案二的计算结果，若能按项目分摊计算利息支出，提供金融机构贷款证明的话，可多列支开发费用20万元，从而降低土地增值税的计算依据。

二、通过合理定价，充分利用售价临界点

在现行的税收法规体系中，若纳税人建造、出售的是普通标准住宅，增值额未超过扣除项目金额的20%，免征土地增值税；增值额超过扣除项目金额20%，应就其全部增值税按规定计税；20%的临界点的税负效应，实践中可以充分利用。

【例4－24】某房地产企业建造一期普通标准住宅出售，土地使用权的取得成本为250万元，房地产开发成本不含税价为850万元；利息支出虽然按项进行分摊，但不能提供金融机构证明，假定当地政府规定允许扣除的房地产开发费用的扣除比例为10%；该项目可售面积为5000平方米，销售部门按照当时当地的市场情况分析，建议按3500元/平方米售价出售；经财务部门分析后，则建议按3400元/平方米售价出售。

方案一，按销售部门4000元/平方米出售：

销售收入：5000×3500＝1750（万元）

扣除项目金额：250＋850＋（250＋850）×10%＋（250＋850）×20%＝1430（万元）

增值率＝（1750－1430）÷1430×100%＝22.40%

增值率超过20%，应纳土地增值税税率为30%。

应纳土地增值税：320×30%＝96（万元）

税前利润：320＋220－96＝444（万元）

所得税税额：444×25%＝111（万元）

税后利润：444－111＝333（万元）

方案二，按财务部门3400元/平方米出售：

销售收入：5000×3400＝1700（万元）

扣除项目金额：250＋850＋（250＋850）×10%＋（250＋850）×20%＝

1430（万元）

增值率 = （1700 – 1430）÷1430×100% = 18.88%

增值率未超过 20%，免征土地增值税。

税前利润：270 + 220 = 490（万元）

所得税税额：490×25% = 122.50（万元）

税后净利：490 – 122.50 = 367.50（万元）

经方案一与方案二的税后净利比较，显然按财务部建议的售价为企业带来更多的税后净利（税后净利多 34.50 万元）。

三、分散收入法在财税管控中的案例分析

房地产开发企业、采用分散收入法，一般采用以下两种方法实现：

（一）分离销售公司

【例 4 – 25】甲房地产开发公司建造一栋商业楼宇销售，销售收入为 15500 万元，取得土地使用权成本为 2600 万元，开发成本为 4500 万元，开发费用为 1000 万元。

方案一，甲公司建造完工后，直接对外销售，取得 15500 万元收入。

扣除项目金额：（2600 + 4500 + 1000）×120% = 9720（万元）

增值税额：15500 – 9720 = 5780（万元）

增值率：5780÷9720 = 59.59（万元）（适用税率 40%，速算扣除率 5%）

应纳土地增值税税额：5780×40% – 9720×5% = 1826（万元）

方案二，甲公司再设立一家独立的销售公司 A 公司，待该栋商业楼以 12500 万元的价格出售给 A，A 公司再以 15500 万元的价格对外销售，A 公司直接可扣除税费 50 万元。

（1）甲公司取得的销售价款为 12500 万元。

扣除项目金额：（2600 + 4500 + 1000）×120% = 9720（万元）

增值额：12500 − 9720 = 2780（万元）

增值率：2780 ÷ 9720 = 28.6%（适用30%税率）

应纳土地增值税税额：2780 × 30% = 834（万元）

（2）A公司取得销售价款为15500万元。

扣除项目金额：12500 + 50 = 12550（万元）

增值额：15500 − 12550 = 2950（万元）

增值率：2950 ÷ 12550 = 23.5%（适用于30%税率）

应纳土地增值税税额为：2950 ÷ 30% = 885（万元）

A公司与甲公司合计应纳土地增值税税额：834 + 885 = 1719（万元）

方案二比方案一少缴纳土地增值税税额为107万元，若假定其他各项费用开支不变的情况下，为企业多实现利润107万元。

根据以上规划方案，企业收到了一定的节税效果，同时企业管理层必须事先规划，要求财税人员关注和学习税收法规，以上案例的实施，可依据"国税发〔2006〕87号"《国家税务总局关于房地产开发企业土地增值税清算管理有关问题的通知》。若因政策变化，决策层应随时调整变更相关实施方案。

（二）签订分售合同

这种方法的使用是：当房地产开发的住房初步完工但还没有安装附属设备以及装潢、装饰时，房地产开发企业便和购买者签订房地产买卖合同。当附属设备安装完毕或装潢装饰完毕后，房地产开发企业再和购买者签订附属设备安装及装潢、装饰合同。为了使纳税人达到节税的效果，企业对合同条款的规定、合同签订时间的先后顺序等必须严格把控，以免带来纳税风险。

【例4 − 26】某房地产开发公司出售一栋楼房，房屋总售价为1200万元，该房屋进行了简单必备设施安装，根据现行税收法规的有关规定，该房地产开发业务允许扣除的费用为500万元，增值额为700万元（假定不考虑其他税种的情况下）。

方案一，该公司按 1200 万元销售。

增值额：1200 – 500 = 700（万元）

增值率：700 ÷ 500 = 140%（适用税率为 50%，速算扣除率为 15%）

应纳土地增值税税额：700 × 50% – 500 × 15% = 275（万元）

方案二，该房地产开发公司将该房屋出售时分割成两份合同，一份为房屋买卖合同不包括装修费用，房屋不含税价为 850 万元，允许扣除的不含税成本为 350 万元，另一份房屋装修合同装修价款为 350 万元。允许扣除的成本为 150 万元，则：

增值额：850 – 350 = 450（万元）

增值率：450 ÷ 350 = 128.57%（适用税率为 50%，速算扣除率为 15%）

土地增值税税额：450 × 50% – 350 × 15% = 225 – 52.50 = 172.50（万元）

而装修合同不牵涉土地增值税。

方案一与方案二比较，少缴纳土地增值税：275 – 172.5 = 102.5（万元）

随着我国市场经济发展的不断成熟，房地产开发企业不断发展壮大，在房地产开发企业中已出现了许许多多的大型集团。在房地产开发集团公司的运作中，利用设立勘察设计、建筑施工、建筑材料生产、园林绿化、水电安装等关联（或非关联）公司的交易价格来转移房地产开发公司的增值，从而实现土地增值税规划效果。

同时，我国现行金融市场也不断完善，在房地产开发集团同时设立或合资设立金融机构来实现土地增值税的规划效果，与此相关的案例在现行市场上已经不足为奇。作为财税及房地产高层管理人员，已不仅是关注房地产开发业务的效益，而要从整个产业链，甚至从产业生态圈的角度去分析考虑集团税负的规划效果。作为财税工作者，也不仅仅去学习财税法规知识就能运用自如，还应提升房地产行业甚至整个产业链的业务运营的知识体系，才能把房地产集团的财税规划落实到位收到成效，并真正化解税务风险。

第五章 对企业和个人反避税的监管

2018 年新个人所得税法增加了个人反避税的规定，那么企业在生产经营过程中，企业与个人可能在哪些情况下将面临反避税调查？本章分别从企业所得税和个人所得税角度为您解析反避税的问题，以及有关反避税的重大案件分析。

第一节 企业所得税关于反避税的规定

一、对一般反避税条款的审视

在长期的避税与反避税的博弈过程中，税法变得日益庞大复杂难懂，即便如此，也难免产生新的漏洞。此外，税收立法者与普通人一样只具有有限理性，由此决定了税法的不完善性具有不可避免性。鉴于此，世界各国纷纷运用实质课税原则来规制避税，而一般反避税条款正是实质课税原则在立法形式上的表现。

（一）一般反避税条款的概念

一般反避税条款是指在宪法或税法中就普遍适用于规制各类税收规避行为而做出统一规定，是相对于个别反避税条款的一般防范性规定，其并不针对某一特定的行为类型，而试图以法律规定的形式，通过要件描述、涵盖违反立法意图的所有避税行为，并对行政机关和司法机关认定避税的行为、重构正常合理行为以及征税行为中的权力进行分配，以实现对避税行为的立法否定以及反避税的权力配置。英美法系对一般反避税条款没有严格的界定，泛指一般防范性的规定。以大陆法系为代表的德国，率先在立法上对避税行为做了一般性规制，此外还有法国、西班牙、澳大利亚、奥地利与荷兰等。

（二）一般反避税条款的法律性质

学界对一般反避税条款的法律性质存在不同观点。主流观点认为，一般反避税条款是法律漏洞的补充。依据对税法可否类推又区分为宣示性规范和创设性规范。宣示性规范认为，税法可以类推适用，一般反避税条款仅具有宣示性，宣示税法在可能文义之外，得因立法意旨予以类推适用。创设性规范认为，税法不得类推或至少税法禁止不利于纳税义务人的类推，一般反避税条款是在禁止税法上实行类推适用的原则下，例外承认在特定条件下可凭一般性规制以形成类推适用。对主流观点持反对意见的学者认为，一般反避税条款是法律解释，法律解释并不限于可能文义，任何企图利用形式而达到避税目的的尝试，都可以凭借法律解释来贯彻税法的立法意旨，令这种尝试落空。一般性规制根本为一不必要的赘文，法院实务上也无须运用这一规定。

我们认为，将一般反避税条款界定为法律漏洞的补充，归属于创设性规范比较妥当。我国遵循大陆法系成文法传统，贯彻税法法定主义原则。如果法律没有明确的漏洞补充原则，可以依照有利于纳税人的原则对税法的漏洞进行补充。一般反避税条款的规定，从立法上明确不必受到漏洞补充需要有利于纳税人原则的限制，在法律中明确了例外的漏洞补充原则。

（三）对一般反避税条款的评析

对避税行为实施规制的各国税法中，均有个别反避税条款，但并非所有国家都有一般反避税条款。因为这一条款对纳税人的权利限制过多，对税务机关授权过大，在一定程度上对税收法定原则提出了挑战，容易侵害纳税人的合法权利。个别反避税条款的优点是对实践中较为常见、危害性较大的避税行为的打击力度大，目标具体而明确。但对创设性避税行为无能为力，规制具有滞后性，可能出现法律烦琐、法规零乱、缺乏体系性的弱点。坚持个别反避税条款的学者认为，规制避税应当从立法着手，当新类型的避税行为出现时，立法机构要迅速做出反应，设置个别否认规定；而在没有法律规定的情况下，不得对避税行为进行否认。世界上多数国家在税收立法中没有制定一般反避税条款，对避税行为只采取了个别性规制，如美国、英国、瑞士、意大利等。

一般反避税条款在具体实施中存在相互对立的两面性：一方面，它对各种无法预料的避税行为进行概括性否认，克服了个别性条款对新型避税行为无法适用的缺点，为行政执法和司法判断提供了法律依据；另一方面，它会对法律的安定性和可预测性造成威胁。由于"滥用"属不确定的法律概念，其判定需借助经济观察法，容易引发税务机关自由裁量权的滥用。而且，无论由行政机关还是法院对避税进行否认，其否认的要件或基准的设定问题也势必背负极端复杂而无法解决的负担。

二、我国一般反避税条款面临的困境

《企业所得税法》将一般反避税条款作为兜底的补充性条款引入我国反避税制度体系，是我国首次用法律的形式确定反避税原则，并在个别反避税条款基础上引入一般反避税条款。对避税采取了个别反避税条款与一般反避税条款相结合的规制方法，为我国反避税工作奠定了系统化、制度化基础，提供了法律指南。不过，目前，无论是在法律规定内容上，还是在税务行政执法以及税务司法审理上，《企业所得税法》一般反避税条款都存在一定问题。这些问题的存在，在一定程度上将会影响该条款的顺利贯彻实施。

（一）法律条文内容粗疏，有待进一步细化

在《企业所得税法》及其实施条例中，涉及一般反避税条款的内容共两条：《企业所得税法》第四十七条规定：企业实施其他不具有合理商业目的的安排而减少其应纳税收入或者所得额的，税务机关有权按照合理方法调整。《中华人民共和国企业所得税法实施条例》第一百二十条规定：企业所得税法第四十七条所称不具有合理商业目的，是指以减少、免除或者推迟缴纳税款为主要目的。从上述法律规定看，实施一般反避税条款涉及两个层面的问题：一是如何判定企业的安排具有或不具有合理的商业目的；二是如果企业实施了不具有合理商业目的的安排，税务机关如何调整。对这些问题，我国目前还没有制定有关的规章、办法，这就会令税务机关无从下手、纳税人无章可循。

（1）"不具有合理商业目的安排"的判断没有"营业常规"等客观要件标准可供遵照。正确判断一个安排是否不具有合理的商业目的，需要把主观思想与客观要件结合起来。也就是说，这既要求税务干部具有较高的专业素质，能够基于各项客观因素进行合理的推断，又要求法律明确客观存在的各项相关因素。

（2）调整程序和方法没有明确。如果一个安排被认定为"不具有合理的商业目的"，意味着要对一个形式上合法、实质上违反税法宗旨的行为进行否定，就要启动实质课税原则。这可能涉及税法否定私法的效力问题，牵涉到税收法定主义和纳税人合法权利的问题。如此重大问题，必须有一定的程序来保障各方面的权利和利益。但现行法律法规在"不具有合理的商业目的"的行为认定程序、重新界定的原则和方法等方面还存在空白。

（二）税务行政执法质量有待进一步提高

近年来，我国税收执法无论在软件上还是在硬件上都取得了可喜的成就。但是，由于方方面面的原因，目前税务行政执法的质量仍然不容乐观。

1. 税收信息化管理手段不尽如人意，反避税工作无法向纵深拓展

首先，反避税工作的信息化程度低。目前，我国反避税工作整体上处于手工操作阶段，各类信息采集、比较与分析均由人工实施。全国国税系统运用的税收征管信息系统——CTAIS 对反避税工作没有涉及，反避税工作与日常征管相脱节，不能进行数据共享。

其次，我国税收信息来源渠道少，相关部门的信息沟通不畅，境外信息更难以掌握，影响了数据资源的共享使用，相关可比资料的调查取证工作较为困难。

2. 税务干部的执法素质有待进一步提高

一般反避税条款的运用，究其实质，就是实质课税原则的具体运用。而实质课税原则在运用过程中会产生两大难题：一是实质课税原则与税收法定主义的关系；二是税法与私法的关系。目前，税务干部的素质，仍难以满足合理运用实质课税原则的要求。从实践中看，税务机关在运用实质课税原则时，由于主观判断标准不一，极易造成相同性质的事件因不同部门或不同人员处理，其结果却不相同的现象。在这种情况下运用一般反避税条款，容易出现税务机关滥用行政权，从而损害纳税人合法权利的现象。

第二节 转让定价与同期资料

一、概述

"同期资料管理"是关于企业准备、保存和提供同期资料以备税务管理的具

体要求。

本章根据《企业所得税法》第四十三条第二款和《企业所得税法实施条例》第一百一十四条的规定，参照 OECD 转让定价指南和国际惯例，进一步明确了企业在发生关联交易的当期，有义务准备同期资料文档，包括关联交易的价格、费用制定标准、计算方法和说明等具体转让定价文件资料，以证明企业关联交易符合独立交易原则，同时企业也有义务保存和向税务机关提供同期资料。

税务机关进行转让定价税务调查时，纳税人准备转让定价同期资料文档并承担协力义务和提供举证责任是十分关键的。从税务机关角度来说，纳税人准备的转让定价同期资料文档可以协助税务调查人员评估和检查纳税人在转让定价中存在税务违规的可能性，检验纳税人是否存在转让定价行为并可作为是否应进行纳税调整的初步依据。因为税务机关面对跨国企业烦冗复杂的关联交易不可能一一收集证据，而企业才是转让定价的决策者，拥有完整的转让定价相关资料，比税务人员更清楚其关联交易价格、费用是否符合独立交易原则。相应的举证责任倒置，有利于提高行政效率，维护税法的严肃性。从纳税人方面来说，准备同期资料文档，可以显示其制定和执行符合独立交易原则的转让定价的意愿，确保其转让定价是经得起检验的，也规范了纳税人税务行为及实务操作。

大部分建立了转让定价税制的 OECD 成员国以及其他国家，在其法律中一般都规定了转让定价等反避税调查中纳税人准备同期资料文档的义务，即应由纳税人事先准备同期证明资料，在调查发生时承担协助义务并证明其转让定价合理的举证责任。在借鉴 OECD 转让定价指南和各国及地区在同期资料税务管理方面法律条文的基础上，总结我国以往反避税工作对相关资料管理的税收实践，对同期资料管理作出全面、细化的具体规定，使反避税调查中举证责任成为企业的法律义务。

二、准备要求

同期资料准备必须自企业关联交易发生年度的次年 5 月 31 日前准备完毕并保存 10 年。然而，2008 年纳税年度发生关联交易的同期资料准备截至日期延至 2009 年 12 月 31 日。转让定价同期资料应当自税务机关要求之日起 20 天内提供。

企业执行成本分摊协议期间，无论成本分摊协议是否采取预约定价安排的方式，均应在本年度的次年 6 月 20 日之前向税务机关提供成本分摊协议的同期资料。

企业按照税务机关要求提供的同期资料，须加盖公章，并由法定代表人或法定代表人授权的代表签字或盖章。同期资料涉及引用的信息资料，应标明出处来源。同期资料应使用中文。如原始资料为外文的，应附送中文副本。

此外，关联申报时，企业所提交的关联业务往来报告表还要求企业披露其是否已按要求准备了转让定价同期资料，是否免予准备转让定价同期资料，以及企业当年是否签署成本分摊协议等信息。

实务中企业年度审计报告通常需要到次年第一季末才能准备妥当，因此考虑到次年 5 月 31 日的准备期限，企业在准备转让定价同期资料时可能会面临较大的时间压力。

（一）同期资料的内容

（1）组织结构，包括企业所属的企业集团相关组织结构及股权结构；企业关联关系的年度变化情况；与企业发生交易的关联方信息、税收情况等。

（2）生产经营情况，包括企业的业务概况、企业的主营业务构成、企业所处的行业地位及相关市场竞争环境的分析等。

（3）关联交易情况，包括关联交易的类型、所采用的贸易方式、业务流程等。

（4）可比性分析，包括可比性分析考虑的因素，可比企业的相关信息，对可比交易的说明，可比信息来源、选择条件及理由，可比数据的差异调整及理由等。

（5）转让定价方法的选择和使用，包括转让定价方法的选用及理由；可比信息如何支持所选用的转让定价方法；确定可比非关联交易价格或利润的过程中所做的假设和判断；运用合理的转让定价方法和可比性分析结果，确定可比非关联交易价格或利润，以及遵循独立交易原则的说明；其他支持所选用转让定价方法的资料。

同时，还需要准备《企业功能风险分析表》《企业年度关联交易财务状况分析表》及关联交易合同副本等内容。

（二）资料要求

企业在准备上述内容时，务必要做到全面、详尽、准确。在实践中，有些资料是企业财务核算所没掌握的，需要企业内部众多部门的配合才能完成，企业要认识到同期资料本身就是减少转让定价税务风险的积极手段，保存足够的记录并主动提供证明文件，以有利于应对出现的转让定价问题的检查和解决。

准备资料的工作应当在平时逐步进行，否则到第二年汇算清缴期间或税务机关要求资料提交前再准备工作量太大，而且由于人员的变动、时间的推移，要准确备齐税务机关需要的所有资料是比较困难的。此外，还要注意集团企业间、企业内部各部门间的配合，一项产品和服务从开发商到生产商再到供应商，中间有很多环节，哪个环节资料连接不上都可能给企业带来风险，对集团内部存在较多关联交易的企业尤其要注意同期资料的连贯性和完备性。

（三）注意事项

1. 结构梳理文件准备

组织结构的申报内容有：

（1）企业所属的企业集团相关组织结构及股权结构，包括企业的海外投资公司、境内分公司、与企业高级管理人员有亲戚关系的公司的组织结构与股权结构信息。即使双方没有股权关系，但有实际控制关系，如一方对另一方企业高级管理人员、购销活动、生产经营活动、生产必需的无形资产和专有技术实施控制，企业也需提供以上信息，即符合关联关系认定标准的关联企业、其他组织或个人都需披露。

（2）企业关联关系的年度变化情况，包括关联方之间的股权变更信息；关联方的新设、合并、分立、注销等。此部分披露信息为分析年度集团内新设、合并、分立和注销等组织关系的变更信息，对关联方的披露可从集团的角度出发，就集团战略、经营策略以及分工来介绍各关联企业。具体地，就关联企业的介绍分为成立时间、注册地、主营业务及市场等内容的概要介绍。

（3）与企业发生交易的关联方信息，包括关联企业的名称、法定代表人、董事和经理等高级管理人员构成情况、注册地址及实际经营地址；关联个人的名称、国籍、居住地、家庭成员构成等情况；各关联方适用的具有所得税性质的税种、税率及相应可享受的税收优惠。并注明对企业关联交易定价具有直接影响的关联方。此处信息本身比较简单，但"具有直接影响的关联方"的描述，建议参照《企业关联业务往来报告表》中的"占销售或采购总额10%以上的境外对象"这一概念。

（4）关联方适用的具有所得税性质的税种、税率及相应可享受的税收优惠。

总之，转让定价之所以备受关注，其原因在于此方法可通过"税率差异"进行避税，所以各个境外关联方的税率申报要注意当地的"名义税负和实际税负",这些数据体现在对方的"年度审计报告"中。

2. 经营状况分析

生产经营情况的申报内容:

(1)企业的业务概况,包括主营业务的构成,主营业务收入及其占收入总额的比重,主营业务利润及其占利润总额的比重;企业发展变化概况、所处的行业及发展概况、经营策略、产业政策、行业限制等影响企业和行业的主要经济和法律问题;集团产业链以及企业所处地位;企业可参考外资企业设立时所撰写的可行性研究报告来申报此项信息。需要注意的是,企业所处地位的披露要与《企业功能风险分析表》中填写的相关内容保持逻辑一致,否则会导致税务机关在判断企业的营利水平时出现问题。企业的业务情况介绍需贯穿企业战略发展,明确企业集团分工职能,依据外部环境的分析合理化功能与风险的匹配。

(2)企业内部组织结构,企业及其关联方在关联交易中执行的功能、承担风险以及使用的资产等相关信息,并参照填写《企业功能风险分析表》。该项信息主要涉及企业审计报告的内容,需要注意的是,转让定价的调查会关注企业之前年度的主营业务情况,故建议企业提供以前年度的主营业务及主营业务利润比重的信息。包括分析企业获利能力、偿债能力、资本结构的各项指标都会是税务机关了解企业的重要参考指标,在此需予以列明并作出相应的分析,对企业的经营状况作总体结论性的自我评价。企业内部的组织结构要求清晰地反映企业内部各项业务的组织负责部门,对企业内各部门的职责和分工予以明确。

(3)企业所处的行业地位及相关市场竞争环境的分析。此项因素主要在于了解可用于可比分析的对象,并了解企业所处的行业地位,并找到比照价格的参照物。因此,企业各个部门需要相互配合或者需要专业机构的协助才能完成此项资料的准备。对企业所处行业地位的分析需要从宏观的市场外部环境出发,分析市场核心产业构成和范围界定,可结合经济形势和政治环境对市场的发展作简要的介绍;进一步介绍企业所属产业的现况和发展,产业的现况分析建议援引可靠的数据分析。例如，产业内主营产品的销售值比重、内外销比重，对产业的展望指根据经验数据和可靠依据在综合分析影响产业发展主要因素的基础上对未来产业发展的合理预期；对企业的行业定位需从产业结构分析中确定企业的产业链角色，选取处于相同角色竞争企业作为对比，在简要介绍竞争企业的基础上就企业自身的竞争优势做具体描述。

（4）企业内部组织结构，企业及其关联方在关联交易中执行的功能、承担的风险以及使用的资产等相关信息，并参照填写《企业功能风险分析表》。此表的填写是同期资料的重中之重，是转让定价调查的案头审核第一步骤。在企业功能分析表所提供信息的基础上，执行功能分析可对关联交易企业从研究与发展、采购、生产、销售、配销、产后售后服务、人事及行政、财务及法律服务等各方面职能进行评价，并汇总表格；承担风险信息可对关联企业从研究与发展风险、市场风险、存货风险、产品责任风险、财务风险和信用风险等各方面来分析进行评价，汇总表格。通过功能风险分析，在关联交易中根据关联方所承担的职能和风险对其有明确的定位，对集团内部各企业的分工及职能风险清晰地展现。

（5）企业集团合并财务报表，可视企业集团会计年度情况延期准备，但最迟不得超过关联交易发生年度的次年 12 月 31 日。在年度内未发生合并事宜的不需提供合并报表。

3. 关联交易说明

（1）基本要求。

关联交易情况需要说明的内容：

1）关联交易类型、参与方、时间、金额、结算货币、交易条件等，要求企业提供双方在合同中约定的相关内容。需要注意合同内容是否有失公允性。

2）关联交易所采用的贸易方式、年度变化情况及其理由，企业需要注意交易运作方式的变化是否与其功能的变化保持一致。

3）关联交易的业务流程，包括各个环节的信息流、物流和资金流，与非关联交易业务流程的异同。

（2）企业注意事项。

可用具体的单据（附在合同后作为依据）来证明关联交易是否真实发生。

用可比性分析来证明非关联与关联交易的业务流程。由于不同类型的合同存在差异，故建议企业针对不同类型的合同分别归集。

关联交易的类型主要可以分为包括进、销货在内的有形资产转移、有形资产的使用、服务提供、资产融通使用四大类，同一类交易具有交易多、合同内容类似的特点，可以按照关联交易的企业分别归集。对合同中的附加条款采用重要性原则适当进行说明即可。

关联交易所涉及的无形资产及其对定价的影响；该项信息主要针对"特许权使用费""技术转让费""品牌使用费"等，在多数情况下，由于收费形式和收费原因存在很大的随意性，故企业可通过企业市场部门、企业所属的行业协会及专业机构给予旁证来证明其收费比例是符合商业行为的。

"特许权使用费"一般是指使用或有权使用文学、艺术或科学著作（包括电影影片、无线电或电视广播使用的胶片、磁带）的版权，专利、商标、设计或模型、图纸、秘密配方或秘密程序所支付的作为报酬的各种款项，或者使用或有权使用工业、商业、科学设备或有关工业、商业、科学经验的信息所支付的作为报酬的各种款项。

技术转让费主要受两方面因素的影响：

其一，独占和非独占转让对技术转让费的影响。所谓独占的技术转让，即在合同条款中有限制转让方在某一地区范围内将同样的技术再向第三者转让的条款，这将加强受让方在该地区生产和销售其产品的垄断地位，而转让方将失去在该地区销售技术的市场。因此，独占转让的转让费用要高一些，费用提高多少依转让方对其损失的估价而定，该地区的市场很大，转让方失去的贸易机会多，技术转让费就会提高得更高些，有时独占的转让费要比非独占的高出60%～100%。

其二，使用权限不同对技术转让费的影响。所谓使用权限不同，是指在技术转让合同中有限制受让方在允许的范围以外再扩大生产能力或重新建厂的条款，如果有这样的条款，只允许在合同标的范围内一次使用转让的技术，称为转让的是一次使用权；如果没有上述限制性条款，受让方可以使用转让的技术随意扩大生产能力和建厂，称为一次买死或一次买断。一次买死支付的转让费要比购买一次使用权支付的转让费高得多。在我们的业务实践中发现竟有高出五六倍的情况。在关联交易的说明中需注意对包括以上两项影响因素的重要条件进行披露。

与关联交易相关的合同或协议副本及其履行情况的说明；该项信息的披露用于说明合同的真实执行情况。因此，企业需要提供货运单据、库存单据、保管材料、银行单据、产品服务说明及护照复印件等资料证明合同的履行情况。

对影响关联交易定价的主要经济和法律因素的分析。此项信息的披露是同期资料的重点，需要公司多部门配合或在专业机构的协助下完成。经济因素和法律因素等外部客观因素的具体影响分析是同期资料的必要内容，也是合理化交易定价的方法之一。经济因素如国际宏观经济环境变化、原料价格、劳工成本、汇率涨跌、贸易政策、企业是否占据资源优势、同行业市场竞争程度等。在世界经济中，通货膨胀是许多国家面临的一个非常棘手的问题，当跨国公司在多个不同国家设立子公司开展经营时，不可避免地会遇到通货膨胀所带来的风险，货币贬值造成产品或劳务、技术的名义价格上升，从而促使关联交易定价有所上升；对于部分产业原物料占总成本比重极高，原物料价格波动对厂商利润空间有重大影响，若受到战争影响或多起意外停产事件，易造成原料价格变动剧烈，生产成本增加，甚至原料取得不易，造成断料等状况时的价格攀升。客观因素对关联交易的影响在同期资料中应予以具体描述和分析。法律因素，从上面分析可以看出，在全球经济一体化的今天，跨国公司不断涌现并迅速发展，跨国公司内部交易中的转移价格往往成为众矢之的，其对东道国的损害是有目共睹的。因此东道国必然会通过本国的税收制度、海关管理以及外汇体制等方面的完善而得以适当避免。在金融海啸经济时期，东道国为避免纳税人通过转让定价偷逃税，损害其税收收入，在特殊经济时期税务机关重视转让定价的调查必然对转让定价有更加完善的政策和执行办法，因相关国家的特别法规或适用为避免重复征税税收协定的应在同期资料中予以说明。

关联交易和非关联交易的收入、成本、费用和利润的划分情况，不能直接划分的，按照合理比例划分，说明确定该划分比例的理由，并参照填写《企业年度关联交易财务状况分析表》。划分的原则应符合收入、费用和成本口径相匹配的原则，采用的分配方法也应保持一致性。例如，关联与非关联交易之间的成本配比是按照销售量来确定的，对包括管理人员工资的费用配比时也应采用按销售量权重进行配比；如果前者采用销售量比例分配，而后者采用收入权重配比，即会违背一致性原则，成本之间的配比不具有合理性。

三、资料准备

随着中国转让定价税制发展的日益成熟，国家税务总局明确将反避税工作分为管理、服务与调查三个环节，即：

所谓"三位一体"的工作模式。管理环节的主要职责是审查关联申报表和同期资料；服务环节主要负责预约定价安排和双边磋商；调查环节则涉及转让定价调查和为期5年的跟踪管理。

2011年度的数据分析显示，全年全国反避税工作对税收增收贡献239亿元。其中，管理环节贡献208亿元，服务环节贡献7亿元，调查环节贡献24亿元。与2010年相比，管理环节贡献从71亿元增至208亿元，增长幅度近200%，而服务环节略有下降，调查环节整体持平。

由上述分析可知，作为管理环节的主要工作内容，关联申报和同期资料的审查已经成为税务机关反避税工作增收的最重要方式。税务机关一般会在审查企业的关联申报表和同期资料后，将其与税务机关内部掌握的行业信息进行交叉对比，酌情要求企业自行调整。因此，关联申报和同期资料的重要性日益显著。如企业不能合理、及时地完成符合要求的关联申报和同期资料准备，则极易被税务机关要求自行调整并补交相关税款。

（一）转让定价专项服务

关联申报评估与协助。关联申报涉及九张表格，是对企业的关联方、关联交易方、关联交易类型与比重、关联交易金额、同期资料准备情况等事项给出的基础信息和初步说明。该项内容一旦披露不当或说明不清，会使后续的同期资料及相关事项较为被动。

（二）转让定价同期资料准备

转让定价（关联交易）同期资料实际上是对企业关联交易和定价策略全面、详尽的描述。为此，该资料往往成为税务机关了解企业转让定价及关联交易管理的核心内容，一旦出现内部逻辑不一致或其他问题，往往会给企业带来较为严重的后果。

此外，按照规定，符合条件的企业必须在关联交易发生年度的次年 5 月 31 日之前准备完毕该年度转让定价同期资料，或者自税务机关提出要求的 20 天内完成提交。

第三节　企业反避税调查案例

一、案例的基本情况

（一）母公司

该公司员工 455 余人，注册资本 42044 万元，2010 年 12 月在深交所 A 股上市。公司产品包括装饰原纸、表层耐磨纸、无纺壁纸原纸三大系列 500 多个花色品种，产品出口 30 多个国家和地区。公司采用直销的销售模式，由终端客户直接向公司下订单，公司直接将货物发给客户并与其结算。该公司 2014～2016 年经营收入分别为 253504 万元、234076 万元、270230 万元，企业所得税适用税率为 25%。

（二）子公司

该公司是以生产装饰原纸为主业的特种纸生产企业，员工 1148 余人，注册资本 18000 万元，是国家火炬计划重点高新技术企业，拥有山东省装饰原纸工程技术研究中心、院士工作站和 14 条国际先进的特种纸生产线。该公司 2014～2016 年经营收入分别为 226675 万元、217096 万元、249117 万元，企业所得税适用税率为 15%。

（三）母子公司关联交易情况

根据母子公司购销合同约定，交易数量以母公司当月销售数量作为双方的交易数量，交易价格以母公司最终售价扣除 1.5% 的毛利作为双方的交易价格。

二、避税的疑点

通过采集企业填报的关联业务往来报告表、财务报表，利用互联网收集可比企业利润水平指标，综合绘制了营利能力指标对比表、2012～2016 年中国造纸行业毛利润走势图进行疑点分析。

（一）母子公司利润水平对比

可以看出，子公司息税前营业利润率、营业利润率、毛利率三项指标均高于母公司相关指标，说明子公司的盈利能力远远大于母公司，而母公司与子公司关联销售定价毛利率仅为实际销售价格的 1.5%，明显不符合独立交易原则，造成大额利润留在享受高新技术企业优惠的子公司，存在调节利润规避企业所得税的风险。

（二）与可比企业利润水平对比

利用互联网收集山东省同行业 A 公司、B 公司 2014～2016 年利润率指标与母子公司进行对比后发现，母公司的毛利率远低于 A 公司、B 公司，说明其盈利能力远远低于同行业企业，反映出母公司关联采购、关联销售的定价方面可能存在转让定价不合理的风险；子公司营业利润率指标高于 A 公司、B 公司，说明子公司的营利能力高于同行业企业。从母子公司与可比企业盈利能力对比来看，母公司盈利能力偏低，不符合经济业务实质，存在利润留存低税率的子公司造成少缴企业所得税的风险。

（三）与同行业利润水平对比

从全国造纸行业毛利润走势可以看出，子公司 2014 年、2015 年毛利率高出全国造纸行业 9% 左右，2016 年基本持平，总体来看其明显高于全国毛利率水平，存在盈利能力偏高、人为留存大额利润的风险。

（四）企业功能风险分析对比

根据企业报送的《报告企业信息表》及经主管中心所日常管理了解，母子公司经营管理与实质控制属于典型的"两套牌子，一套人马"，母公司负担行政、人事和资金等管理和服务职能及风险，同时承担市场推广及销售功能；子公司主要承担全部的生产、研发功能和部分采购功能。结合母子公司利润率指标分析，母子公司在生产经营活动中存在承担的功能风险与利润回报不匹配的风险。

三、工作措施

(一)团队攻关,三级应对

主管税务机关向上级主管部门汇报并成立了由法规税政科、税源管理科、征管科、稽查局及中心所业务骨干组成的关联申报资料审核小组,在反避税小组的指导下,形成了市、区、中心所三级攻关团队,共同研究探讨确定工作方向。为保证反避税工作顺利开展,关联申报资料审核小组在关键环节和重点问题上及时向省局请示,取得了国家税务总局、省局反避税专家的大力支持和精心的业务指导。

(二)采集资料,验证推断

关联申报资料审核小组要求母子公司提供签订的购销合同、采购计划等资料,同时要求其填写报送《企业功能风险分析表》,深入了解掌握了购销流程、定价原则、运转模式及各自承担的功能等情况,进一步验证了前期的分析判断,为下一步开展谈判工作打下了坚实的基础。

(三)服务引导,提示风险

关联申报资料审核小组强化服务意识,以"关联申报说明会"的形式与该公司负责人及财务人员进行了多次座谈,向企业提示存在的纳税风险。

(四)勇于尝试,保障入库

在新上线的"金三"优化版国际税收岗责配置不够健全的前提下,主管所人员会同前台大厅人员大胆尝试,多次对特别纳税调整模块进行测试,从报表填报、基准利率确定、利息加收测算、税款开票等各个环节进行全过程模拟,确保自查补税的顺利入库。

四、案件处理

（一）企业提出的意见

（1）对于母公司留存 1.5% 的毛利作为关联双方的交易价格，是由于母公司只承担管理和销售职能，自身不具备盈利能力，留存 1.5% 的毛利保证其运营是合理的。

（2）对于同行业的利润水平对比是没有可比性的，因为每个企业都有其自身的特性，营利能力往往是由自身特性决定的，不能一概而论。

（二）存在的问题

1. 可比企业的选择难

山东省乃至全国范围很难找到生产产品品种、经营规模、运作模式基本相同的企业。

2. 企业功能风险分析难

关联企业之间的功能往往你中有我、我中有你，很难清晰地划分各自应承担的功能，且功能比例也无明确参数。

3. 可参照的典型案例难

按照典型案例指引思路经过筛选，在山东省内未找到可参照的典型案例。

（三）案件处理

从母公司填报的《企业功能风险分析表》可以看出，母公司承担行政人事管理服务、市场推广及销售功能，不否认子公司承担的生产、研发功能是经营活动中的重要功能，但母公司留存 1.5% 的毛利与其承担的功能不匹配，存在将部分利润人为调节到享受税收优惠低税率的子公司的风险。

关联申报资料审核小组利用"关联申报说明会"形式上门为企业提供纳税服务，该公司认识到自身存在特别纳税调整风险，同意按照《特别纳税调查调整及相互协商程序管理办法》（税总公告 2017 年第 6 号）规定自行进行调整补缴税款及利息。经调整，母公司分别调增 2014～2016 年应纳税所得额 1012 万元、852 万元、920 万元，累计调整应纳税所得额 2784 万元，入库企业所得税 696 万元，加收利息 55 万元。

五、案例的启示

（1）关联申报是反避税工作的基石。关联申报是税务机关了解和掌握企业关联业务往来的有效手段，税务机关应当就关联交易税收管理开展政策宣传和纳税辅导，提高税收政策落实的确定性，明确告知法律、法规和相关政策对关联申报的规定，使企业清楚自己的权利和应承担的义务，增强企业主动申报意识，努力提高关联申报质量。

（2）功能风险分析是反避税工作的手段。充分利用企业关联申报的《报告企业信息表》掌握企业职能部门设置、业务运转及关联交易各方履行的功能，借助《企业功能风险分析表》及功能访谈结果，综合分析企业执行的功能与承担的风险是否相符，从而确定关联各方的功能风险与利润回报是否匹配，加大税务机关在纳税约谈中的筹码，更有利于提高反避税工作质效。

（3）领导重视是反避税工作的保障。淄博市税务局为抓好关联申报和反避税工作，成立了以分管局长为组长，各业务科室及稽查局负责人为副组长，业务骨干为主要成员的关联申报审核小组，为反避税工作提供了组织保障。此外，总局、省局反避税专家的多次业务指导也保障了反避税工作的顺利开展。

（4）服务意识是反避税工作的关键。关联申报审核小组想纳税人之所想，急纳税人之所急，帮助纳税人掌握税法，提高纳税申报质量，有效解决纳税人因主观疏忽或对税法理解偏差产生的涉税问题，规避处罚风险，并针对问题提出有效、合理的征管建议，不断深化纳税服务内涵，满足纳税人日益增长的纳税服务需求。

第四节 个人所得税关于反避税的规定

根据 2018 年 8 月 31 日中共第十三届全国人民代表大会常务委员会第五次会议《关于修改〈中华人民共和国个人所得税法〉的决定》（第七次修正）。专家表示，修正案新增加了反避税条款，审议最终通过后，对高净值人群产生不小影响。反避税已成为国际税收治理的共识，随着 CRS 和 BEPS 相关行动计划的实施，各国进一步加大了反避税力度。在这样的背景下，个人所得税引入反避税制度正当其时。

一、我国个人所得税反避税立法的研究

过去的 20 年，我国国民财富和经济发展的各项指标都排在世界前列，但个人所得税收入占税收总收入的比重却始终低于发展中国家的平均水平。根据国际货币基金组织（IMF）《政府财政统计年鉴》统计，93 个发展中国家个人所得税收入占税收总收入比重的平均值为 10.92%，21 个工业化国家的平均值为 29.04%。

而我国2012～2015年，该比重分别为5.25%、5.44%、5.69%和6.9%，显著低于发展中国家的平均水平。

（一）个人所得税反避税立法的迫切需求

1. 高收入者对个人所得税增长的边际贡献率较低

在美国，10%的高收入纳税人（年收入11.3万美元以上）缴纳了71.22%的联邦个人所得税，其中1%的最高收入者承担了这些税收的42.12%，形成了标准的"倒金字塔"的税收负担结构。我国高收入者的财产性收入占比较大，但对税收的贡献度不高，2011～2015年分别为20.44%、23.66%、23.69%、22.45%和22.37%。

2. 管理方式存在缺陷

首先，我国对个人所得税一直以来采取代扣代缴为主的间接管理方式，没有唯一的自然人纳税代码，没有自然人数据库，这样的管理方式不仅不能准确定位纳税人，不同税务机关之间的信息也无法实现共享。

其次，财产登记制度缺失，使税务机关无法掌握纳税人（特别是高收入人群）的财产变动情况，无法及时实施征管。

再次，大量现金交易存在，增加了征管漏洞。

最后，第三方协税制度不健全，证券、银行、期货、保险、工商、房地产交易机构等没有法定报告义务，税务机关无法获取及时有效的产权变动信息以支撑税务审核。

3. 个人所得税反避税立法缺失

继1991年《外商投资企业和外国投资企业所得税法》及其实施细则首次引入转让定价制度和独立交易原则之后，2008年内外资企业两税合并将一般反避税条款（GAAR）写入税法，2009 年国家税务总局又出台《特别纳税调整实施办法》，对一般反避税条款进行细化补充。2014 年底国家税务总局颁布了《一般反避税管理办法（试行）》，作为特别反避税规则的兜底，2015 年我国加入 OECD/G20 税基侵蚀和利润转移（BEPS）行动计划，总局随即着手全面修订《特别纳税调整实施办法》，以进一步完善我国的反避税法律体系。然而，这些立法几乎都是针对企业避税行为，包括个人独资企业和合伙企业投资者的自然人都不在其调整范围内。2014 年，国家税务总局颁布的《股权转让所得个人所得税管理办法（试行）》就自然人股权转让事项出台了特别反避税规则，但其调整面和调整方法均有限，个人反避税领域仍存在很大空白。

（二）个人所得税避税的主要形式

1. 改换国籍获取税收优惠

我国个人所得税法给予外籍人员不仅在费用扣除标准、税收减免等方面比本国公民更多的税收优惠，而且在双（多）边税收协定方面，对于消极所得（如利息、股息和特许权使用费）也给予优惠税率5%。近年来，随着高收入人群资产配置全球化趋势，越来越多的人通过改变国籍，通过外籍身份持有国内企业股权，规避国内对于非居民取得的股息、利息、特许权使用费，根据税收协定可以在缔约国另一方征税，也可以在支付方居民国征税，但税率不超过支付总额的限定比率，一般为10%，有的协定规定为5%，如内地—香港特别行政区税收协定。《财政部　国家税务总局关于在华无住所的个人如何计算在华居住满五年问题的通知》（财税［1995］98 号）第二条规定：个人在中国境内居住满五年后，从第六年起以后各年度中，凡在境内居住满一年的，应当就其来源于境内、境外的所得申报纳税；凡在境内居住不满一年的，则仅就该年内来源于境内的所得申报纳税。如该个人在第六年起以后的某一纳税年度内在境内居住不足 90 天，可以按《中华人民共和国个人所得税法实施条例》第七条的规定确定纳税义务，并从再次居住满一年的年度起重新计算五年期限。

2. 滥用文件避税

我国对居民采取住所和居住时间双重判定标准。对在我国境内无住所的个人，根据居住时间不同，纳税义务如表 5 - 1 所示。

表 5 - 1　外籍人士纳税义务判定

居住时间	纳税人性质	境内所得		境外所得	
		境内支村	境外支付	境内支付	境外支付
90 日（183 日）以内	非居民	√	免税	× 高管需缴税	×
90 日（183 日）至 1 年	非居民	√	√	× 高管需缴税	×
1 ~ 5 年	居民	√	√	√	免税
5 年以上	居民	√	√	√	√

数据来源：根据个人所得税相关文件整理。

但实际操作中，《财政部　国家税务总局关于在华无住所的个人如何计算在华居住满五年问题的通知》（财税〔1995〕98 号）对于个人在华居住满五年以后纳税义务的确定适用了更宽松的尺度。仅对凡居住满五年，从第六年起以后各年均居住满一年的才对全球所得税征税，否则重新按照 90 天的标准判定纳税义务。这给非居民利用离境时间规避全球所得税在华征税提供了空间。

3. 利用避税地避税

随着国家"一带一路"倡议的提出，越来越多的民营企业、股权投资企业"走出去"，在避税地设立离岸公司，通过设立离岸基金、导管公司等方式转移个人收入至低税地或避税地避税。

4. 选择所得类型和税阶避税

我国个人所得税法实行分类所得税制，分为 11 项所得，视所得类型适用不同的费用扣除标准、税率和计税方法。其中：工资薪金所得适用 7 级超额累进税率，最高边际税率为 45%。劳务报酬一次收入畸高的，实行加成征收，最高加成 100%。个人会视税负在工资薪金和劳务报酬所得项目间进行选择，自然人股东会在工资薪金和股息红利所得项目间进行选择，或者采用化整为零等方式适应较低税阶避税。

（三）国外个人所得税反避税立法及我国的探索

1. 发达国家个人所得税反避税立法

发达国家的反避税立法较早，法律体系相对完备，调整对象囊括了企业和个人的避税行为。美国的个人所得税制和反避税规定都较企业所得税更为复杂和细致。从立法进程看，《1962 年收入法令》和《国内收入法典》F 部分标志着美国反避税立法走向系统化和严格化，《1962 年收入法令》打击重点目标是"个人控股公司"和"外国人控股公司"；1976 年，《税收改革法令》取消了给予外国信托的收入分割、延期课税、积累免税和资本利得免税优惠；针对纳税人利用外国银行保密规定和保密习惯避税行为，1979 年，通过《瑞士银行法》打击美国纳税人利用银行账户避税的行为；1986 年后，逐渐将反避税的重心从个人转向企业。德国 1972 年的《涉外税务法令》规定：将有限的纳税义务扩大到移居避税地或不在任何国家取得居民身份，但与德国保持实质经济联系的德国公民身上。对取得德国居民身份 10 年以上的个人移居出境，并拥有一家德国公司 25% 的股权的，视同出售股权，并按正常税率的一半对推算所得征税。英国《1970 年税收法令》规定：对英国境外的个人或实体（含公司和信托）的所得拥有"享有权"的英国居民，应就境外所得在英国纳税等。

2. 各国主要个人所得税反避税措施

各国在个税反避税措施方面呈现出以下特点:

一是手段多样化。如法国每年更新"避税天堂黑名单";英国开征"谷歌税";荷兰对实益持股和拥有退休金申领权的人改变荷兰国籍至低税国征收"退出税";美国于 2008 年通过《英雄报酬补助救济税法》,规定放弃国籍的特定人群需为超过 60 万美元的未实现资产收益(包括净资产、递延薪酬和馈赠征税)缴税(俗称退出税)等。

二是加大惩处力度,不仅有大规模的税务突击检查,更有高额罚款。如美国国会于 2010 年通过《海外账户税收遵从法案》,规定居住在美国境内而在境外拥有 5 万美元以上的资产,或居住在美国境外并在境外拥有 20 万美元以上资产的美国公民和美国绿卡持有人,必须向美国政府申请纳税申报,拒不申报将被视为有意逃税,将面临高达 5 万美元的罚款。所有非美国的金融机构必须鉴别并向美国税务局披露其美国客户的账户详细信息并负有代扣代缴税款的义务。

三是范围不再局限于本国,而是通过多种方式开展跨国共同打击,如英国于 2013 年与开曼群岛、百慕大群岛、英属维尔京群岛等海外领地达成协议,共享银行账户信息,意在取缔"避税天堂"的保密原则。

3. 我国个人所得税反避税的实践和探索

虽然在个人所得税反避税立法层面存在不足,但我国近年来也积极参与国际间涉税信息情报交换与共享,为反避税立法奠定了良好的信息基础。2015 年 12 月 17 日,我国签署了《金融账户涉税信息自动交换之多边政府间协议》(以下简称《多边自动情报交换协议》)。根据该协议,2017 年 9 月,中国个人及其控制的公司在特定的 56 个国家和地区开设的银行账户信息(截至 2016 年底的信息)将会主动呈报于中国税务机关;2018 年 9 月再增加 40 个国家和地区。该协议的签署将改变过去依申请提起情报交换的冗长程序,变为主动进行的、无须提供具体涉税理由的情报交换。这无疑将为我国税务机关打击个人跨境逃避税提供极大的便利。

（四）对策和建议

经济全球化日益发展给个人跨境股权转让、财产转移和配置全球资产提供了无限可能，"经济人"的属性决定了纳税人倾向于选择和设计税收负担率最低的交易形式。借鉴发达国家经验，对我国个人所得税反避税立法提出如下建议：

1. 完善税制缩小避税空间

发达国家所普遍采用的家庭课税制融合了分类所得税制和综合所得税制的优点，既有利于及时监控税源，又符合量能课税的原则，可较好地解决个人所得税横向不公平的问题，体现个税调节居民收入再分配的功能。

同时，高税率不一定伴随高税收，还有可能阻碍经济增长，诱使纳税人逃避税收。美国、英国先后将税率降至 2 ~ 3 档，日本和印度分别为 5 档和 4 档。相较之下，我国现行税率仍然存在边际税率较高、税率级次较多的问题。建议降低最高边际税率，简化税率级次。

2. 完善居民身份确认规则

各国对于公民和居民具有明确的概念界定，并给予不同的税收待遇。我国对于居民身份确认规则缺乏系统规定，存在制度漏洞。建议执行国际通行的 183 天的规定，即规定凡一个纳税年度在我国境内连续或累计居住满 183 天的自然人就是我国税法上的居民，取消国内法关于按照居住时间判定纳税义务的规定，明确在我国境内连续居住超过五年的个人，自第六年起对全球所得纳税。

3. 构建个人所得税反避税规则体系

建议借鉴国外经验，针对目前较为普遍的改变国籍、利用避税地、滥用协定等方式避税行为，向放弃中国国籍的个人征收退出税；出台禁止利用避税地避税的规则，整合现行的特殊和一般反避税规则，并将其写入个人所得税法中，构建我国系统的反避税规则体系。

二、我国个人所得税反避税规定的实践

在中国香港、中国澳门和新加坡等地加入 CRS（共同申报准则）计划后，2018 年 9 月 30 日前，中国将与其他参与 CRS 的辖区完成首次辖区间的信息交换，以后年度也将每年定期进行辖区间的信息交换；被称为全球避税天堂的瑞士日前也表态将向 CRS 国家和地区发送 200 万个金融账户信息。这是瑞士税务机关首次公开高净值人群的金融账户，通过这些信息，税务机关可以核实纳税人是否正确申报了境外金融账户。

瑞士的"沦陷"，成为 CRS 开展以来的标志性事件，打响了全球反避税的第一枪。与中国而言，新修订的个人所得税草案中，首次设立了反避税条款，不过在目前个税修正案中，只就个人反避税与居民的判定提出了纲领性的修改内容。

"未来，随着全球反避税工作的深入开展，中国在个人反避税方面的立法也有望加速，8 月初新个税法加入反避税内容也看出决策层对这部分工作的重视。"一位税务系统人士告诉《中国经营报》记者。

（一）避税天堂的"沦陷"

"把钱存在瑞士最安全。"对于财富集聚地的选择，瑞士的税收优惠吸引了全球各地的高净值人士踏足。不过，这个延续了近三百年的传说，在全球税务透明化大背景下已没了当年盛况。

10 月 5 日，瑞士联邦税务局（FTA）宣布：已经于近日完成了史上第一次AEOI（金融账户涉税信息自动交换）标准下的金融账户对外自动交换，并与其他国家的税务机构交换金融账户数据。

根据税务局公布的内容，交换的信息有居民身份，账户和财务信息，包括姓名、地址、居住国家和税号，其他报告，账户余额和资本收入等纳税人的金融账户信息。

对于瑞士这一举动，上述财税人士认为，这是瑞士实施 CRS 过程的一个环节，属于承诺参与 CRS 的国家或地区的正常推进行为。

然而，对于高净值人群来说，更为重要的信息是，此次交换并非偶然的一次性行为，而是将持续进行。

根据瑞士联邦税务局的通告，AEOI 从现在开始将每年进行一次。2018 年的数据将在 2019 年与大约 80 个合作伙伴国家和地区进行交换，前提是这些国家符合保密和数据安全的要求。经合组织（OECD）全球税收透明与信息交换论坛透明度和税务信息交流论坛（全球论坛）审查了参与国对 AEOI 的实施情况。

普华永道中国私人客户服务中区主管合伙人王蕾在接受《中国经营报》记者采访时表示，瑞士交换信息的内容和范围都属于 CRS 规范的范围之内。这意味着一个个人涉税信息更为透明的新时代已经来临。

这似乎意味着，全球财富格局将迎来重新洗牌的转折点。

据外媒报道，瑞士最大银行瑞银集团因协助美国籍客户隐瞒账户而遭到美国起诉。2009 年，瑞银 UBS 承认协助美国富人藏匿资产避税，为免遭刑事起诉，瑞银与美国政府达成协议，支付 7.8 亿美元罚款，并披露逾 4700 名客户身份。

"高净值人群应及早审视与完善自身及其名下资产的全球税务合规，可寻求专业的税务意见，详细分析当前的潜在税务及合规风险，并及时更正或调整。"王蕾说。

（二）反避税立规迫切

随着 CRS 的实施，中国在个人所得税层面的反避税立法也变得愈加迫切。

作为国际税法实践中常见的制度性安排，反避税条款目前在企业层面具有详细的制度安排，早在 2008 年的《中华人民共和国企业所得税法》就确立了企业层面的反避税制度。但是针对个人反避税政策的细节尚未出台。

"确立个税层面的反避税制度也是中国进一步与国际通用税收准则和概念接轨的表现。目前个税修正案关于个人反避税的规定，只提出了纲领性的修改内容，并无执行细则。"上述财税人士指出。

在个人所得税的立法方面，2018年8月31日全国人大常务委员会第五次会议通过了关于修改《个人所得税法（草案）》的决定，这次个人所得税法的修订，首次加入了反避税条款。新修订的《个人所得税法》第八条规定：有下列情形之一的，税务机关有权按照合理方法进行纳税调整：（一）个人与其关联方之间的业务往来不符合独立交易原则而减少本人或者其关联方应纳税额，且无正当理由；（二）居民个人控制的，或者居民个人和居民企业共同控制的设立在实际税负明显偏低的国家（地区）的企业，无合理经营需要，对应当归属于居民个人的利润不作分配或者减少分配；（三）个人实施其他不具有合理商业目的的安排而获取不当税收利益。税务机关依照前款规定作出纳税调整，需要补征税款的，应当补征税款，并依法加收利息。这是个人所得税反避税立法迈出的第一步。

在个人所得税的反避税实践中，2018年9月中国首次进行CRS信息交换，与多个国家的税务主管当局进行了金融账户涉税信息自动交换。这也意味着，中国打击国际避税大网正式拉开。

中央财经大学税务学院税收与财务管理系主任蔡昌在其署名文章中指出，"从目前我国的反避税制度来看，整体方向已经明确，但是在具体制度和实施措施上仍待进一步完善。从个人所得税立法角度来看，目前通过的反避税条款较企业所得税反避税条款相对简单，不能完全覆盖纳税人的避税活动，未来必须针对移民群体、利用避税地等避税行为，制定更为具体而严厉的反避税条款"。

王蕾也认为，当前反避税规则尚待政策层面的进一步细化，高净值人士应该持续关注后续发展动态。

（三）引入 CFC 规则，打击个人境外避税

随着经济的发展，我国已经开始从一个资本输入国转变为一个资本输出国。"走出去"已经是很多国有企业和民营企业当下的重要经营战略。企业所得税层面在 2008 年已经建立了相应的反避税规则，这些规则 10 年来发挥了很大作用，有效地维护了国家的税收权益。

与此同时，很多中国的居民个人，通过在海外避税地建立公司，不从事实质经营业务，却将大量的利润留在海外避税地，迟迟不分配回国内，逃避个人所得税纳税义务，这已经引起了税务机关的高度关注。

《个人所得税法修正案（草案）》引入了类似企业所得税的受控外国公司（CFC）规则。《个人所得税法修正案（草案）》规定，居民个人控制的，或者居民个人和居民企业共同控制的设立在实际税负明显偏低的国家（地区）的企业，无合理经营需要，对应当归属于居民个人的利润不作分配或者减少分配的，税务机关有权按照合理方法进行纳税调整。这里的纳税调整就是将未分配利润视同已分配在中国缴税。当然，归属于该境外所得的、在境外已经缴纳的所得税性质的税款，可以抵免该所得在中国应缴纳的所得税款，以消除重复征税。随着经济的发展，我国已经开始从一个资本输入国转变为一个资本输出国。"走出去"已经是很多国有企业和民营企业当下的重要经营战略。企业所得税层面在 2008 年已经建立了相应的反避税规则，这些规则 10 年来发挥了很大作用，有效地维护了国家的税收权益。

（四）金税三期的监测

作为税务征管的重要系统工具，金税三期系统随着个税改革方案的完成不断升级。

《中国经营报》记者获悉，进入 2018 年 8 月，各省税务局已经相继下发通知要求升级个税申报系统，内容主要是把原"金税三期个人所得税扣缴系统"，升

级为"自然人税收管理系统扣缴客户端"。

通过金税三期的监测，税务机关将能够获取纳税人所有的收入、交易及资产信息，而一旦发现有巨额资金来源不明的情况，纳税人就会被列为重点监管人员，并可能存在涉税风险。

第五节　个人所得税关于反避税规定调查案例

中国当前的个人所得税制度中并无"反避税条款"。但实践中一些税务机关参照企业所得税法中的相关反避税规则，对自然人的某些避税行为实施了反避税调整。税务机关基于"实质课税"原则的个人所得税反避税很大程度上突破了"税收法定"的制约，极易引发征纳双方的争议。在明税代理的一些个人所得税反避税案件中，或多或少存在调查程序不规范、期限过长（很多都超过一年）、执法依据不足、纳税人权利保护制度缺失等问题。

2018年6月19日，由财政部、税务总局会同有关部门起草的《中华人民共和国个人所得税法修正案（草案）》（以下简称《个税草案》）提请中共第十三届全国人大常委会第三次会议进行审议。《个税草案》的亮点之一，是增加个人所得税"反避税条款"。这填补了当前个人所得税法缺乏"反避税"制度的立法缺陷，为税务机关的个人所得税反避税实践提供制度保障和执法依据。新的个人所得税法预计于2019年1月1日生效实施。

明税梳理和总结了各地税务机关公开的十大个人所得税反避税案例，并结合自身的执业经验给予简要评析。

一、案例 1：非居民个人间接转让中国境内公司股权被征收个人所得税案

2011 年 6 月 8 日《中国税务报》刊登了《历时半年深圳地税局跨境追缴 1368 万元税款》的报道（"深圳案例"）。

（一）案情简介

某香港商人在港注册一家典型"壳公司"，注册资本仅有 1 万港元。2000 年，该公司作为投资方在深圳注册一家法人企业，专门从事物流运输，同时置办大量仓储设施。经过近 10 年的经营，子公司已经形成品牌企业，经营前景看好，而且由于房地产市场一直处于上升趋势，公司存量物业市场溢价很大。2010 年，该港商在境外将香港公司转让给新加坡某公司，深圳公司作为子公司一并转让，转让价格 2 亿多元。

对于港商个人取得的转让收益是否征税，税企之间存在很大分歧。经过反复调查和多次取证，深圳市地税局认为本案转让标的为香港公司和深圳公司，标的物业为深圳公司的资产，转让价格基础是深圳公司资产市场估价。鉴于香港公司在港无实质性经营业务，其转让溢价应大部分归属深圳公司资产增值。这种形式上直接转让香港公司股权，实质上是间接转让深圳公司股权，存在重大避税嫌疑。经请示税务总局，决定对其追征税款。全国首例对非居民个人间接转让中国境内企业股权追征个人所得税 1368 万元在深圳市地税局入库，从而结束了长达半年跨境税款追踪，实现了非居民个人在境外直接转让母公司股权，间接转让境内子公司股权征税个案突破。

（二）案例评析

无论是国税函〔2009〕698 号，还是国家税务总局公告 2015 年第 7 号，都

只是适用于非居民企业（而非居民个人）间接转让中国境内公司股权或应税财产的行为。个人所得税法及相关规定中，也没有类似《企业所得税法》的一般反避税规则的规定。因此，有关深圳案例征税的法律依据问题，一直受到来自实务界和理论界的诟病。

《个税草案》第八条是有关个人所得税反避税的一般规定。该条规定，有下列情形之一的，税务机关有权按照合理方法进行纳税调整：（一）个人与其关联方之间的业务往来，不符合独立交易原则且无正当理由；（二）居民个人控制的，或者居民个人和居民企业共同控制的设立在实际税负明显偏低的国家（地区）的企业，无合理经营需要，对应当归属于居民个人的利润不作分配或者减少分配；（三）个人实施其他不具有合理商业目的的安排而获取不当税收利益。税务机关依照前款规定作出纳税调整，需要补征税款的，应当补征税款，并依法加收利息。

《个税草案》的"反避税条款"无疑将为税务机关未来的个人所得税反避税实践提供更好的制度保障和执法依据。与此同时，个人所得税反避税的实施也需要有更为详细的立案和调查调整流程等程序性规则和实体性认定标准，在赋予税务机关个人所得税反避税权力的同时，兼顾纳税人的权利保护。

二、案例 2：海淀地税追征非居民个人和非居民企业间接转让境内公司股权案

2015 年 9 月 22 日，《中国税务报》刊载了题为《海淀地税局追征境外企业股权交易税款》的文章，披露了该案件。

（一）案情简介

2014 年 10 月，两名中国居民到北京市海淀区地税局第五税务所，办理境外企业股权转让个人所得税缴纳业务。按照相关规程，该业务需要办理待解缴入库

手续。为确保税款计算准确，谨慎起见，海淀区地税局国际税务管理科要求纳税人提供股权转让合同。但两名纳税人以各种理由推诿，仅提供了两页合同摘要。这份摘要中的"土地出让金"一词引起了税务人员注意：转让的是境外企业股权，但从合同内容看，交易定价约定的事项为何却属于境内事项？

税务人员马上要求两名纳税人提供全套交易合同。合同显示：2014 年 8 月，加拿大籍华人 L 与 H 公司（注册于英属维尔京群岛）以及中国居民李某、王某等四方共同签署《Z 公司整体股权转让协议》，将共同持有的 Z 公司（注册于开曼群岛）100% 股权转让给注册于开曼群岛的 M 公司。加籍华人 L、H 公司、李某和王某在 Z 公司中所占股权分别为 58%、30%、10%、2%，该项交易最终转让价格为 4.1 亿元。交易中被转让的 Z 公司唯一的子公司是其 100% 控股的境内企业 F 公司，而 F 公司拥有的位于北京市海淀区的一座写字楼 A 大厦，是此次交易的核心资产，合同中将近 90% 的篇幅都是关于 F 公司和 A 大厦相关事项的约定。

如果认定 Z 公司是空壳公司，境外注册 H 公司的股权转让实质即为转让中国居民企业股权，同样应负有在我国纳税的义务。在对已掌握信息进行综合分析的基础上，海淀区地税局人员针对不同的交易方分别确定了工作方案。

其一，确保两个"中国籍"居民应缴纳的个人所得税全额入库。

其二，交易方之一的境外 H 公司存在明显避税问题，根据管辖权将其相关信息移交海淀区国税局。

其三，加拿大籍华人 L 持有 Z 公司 58% 股权，是该项交易最大获益方，并且具有重大避税嫌疑，对其实施调查。

做足准备工作后，在获知加拿大籍华人 L 入境后，海淀区地税局向 L 送达了《税务事项告知书》。法律依据方面，税务机关引用了国税函［2011］14 号《关于非居民个人股权转让相关政策的批复》的规定。随后，税务人员与 L 委托的某著名执业机构人员进行了多轮约谈。经过近 9 个月的交涉，加拿大籍华人 L 最终同意就其来源于我国境内的所得补缴税款 4651 万元。北京市海淀区国税局接到地税机关传送的注册于英属维尔京群岛的 H 公司信息，以及此次股权交易的相关资料后，迅速与该企业取得联系，调查核实相关情况。H 公司表示积极配合税务机关，并提供了相关资料。依据国税函［2009］698 号文件，海淀国税局确定境外注册的 H 公司需补缴税款 1215 万元，经过约谈，该公司也补缴了税款。至此，该项股权交易应纳税款 6853 万元全部缴纳入库。

（二）案例评析

如本文开头所述，中国当前的个人所得税制度中并无"反避税条款"。国税函［2011］14 号作为专门针对个案的批复，是否有普遍的适用性和是否能作为海淀税务局的执法依据也值得商榷。但报道中提及，调查人员通过对国税函［2011］14 号文的出台背景、适用范围、具体内容等深入研究认为，在个人所得税反避税法规体系尚未完善的情况下，国家税务总局出台此文件就是为了堵塞征管漏洞。

在国地税分置的背景下，地税和国税部门信息沟通的缺乏也在某种程度上为纳税人的避税和逃税行为创造了空间。但本案中，地税部门在发现案件同时存在非居民企业间接转让中国境内公司股权时，及时将案件传送给国税部门从而确保了对该行为的征税。

当前，省级及以下的国地税合并正在进行中。国地税合并完成后，税务机关内部的信息交流将会更加通畅，这无疑会大大增强税务机关对避税行为的打击力度。

三、案例 3：江苏首例居民个人境外间接股权转让案

2015 年，《国际税收》杂志第 2 期刊载了南京地方税务局钱家俊和林大蓼两位税官的文章《全国首例居民个人境外间接股权转让案》，披露了该案件。

（一）案情简介

2009～2010年，南京市某境外上市公司14名大股东通过其注册在英属维尔京群岛（BVI）的离岸公司——FA公司，两次减持其境外上市主体Y公司6500万股和5700万股股份，累计实现转让收入逾18亿港元。Y公司是采用红筹模式上市的境外注册公司。

"FA公司是否向管理层股东进行分配？如果分配，分配了多少？"经过查找，税务机关在证券公司公布Y公司境内子公司两期短期融资券募集说明书中发现重要信息：2010年末FA公司资产已不足2000万元，公告还披露"FA公司为投资公司，收益主要来源于投资收益，因此营业收入为零。"如该公告披露，该公司为特殊目的公司，除持股外一般不进行其他经营，故可以推理得出：净资产的减少是基于对股东的分配。调查组同时调取了近几年这14个股东个人所得税申报和纳税情况，没有包括这部分收入的个人所得税，于是锁定了涉税风险点。

税务机关围绕"FA公司减持的钱去哪里了"这一关键疑点信息，同企业相关人员进行约谈。企业相关人员承认有通过境外FA公司减持的事实，但解释称：FA公司为管理层私人公司，不在上市公司信息披露范围之列，上述披露是财务人员误填所致。税务机关认为企业陈述可能并不真实，上市公司信息披露需经企业内部层层审核，以上市公司严格的内控体系发生错误概率不高。另一名企业主管人员约谈时称：这两次减持所得款项皆留存在FA公司账上，未对股东做分配。并且在2012年，已用留存在公司账上的这笔减持所得资金直接增持。对此，调查组提出能否提供FA公司资金流以证明其说法，企业表示无法提供，案情一度陷入困境。

为了厘清事实真相，围绕境外上市公司的股权结构与变化，税务机关对企业相关财务资料进行实地核查，从中发现了2009年、2010年FA公司减持收益分配的内部报表，表中显示：2009年有7人、2010年有10人的减持收益部分已汇回国内。并且当时根据外管局的要求，只有提供完税凭证，方能取得这部分境外汇入款项。因此，已汇回的这部分收益已经按规定缴纳了个人所得税。这证明FA 公司已经对股东做了分配，但有部分减持收益没有汇回国内而是留在了股东境外账户上——调查有了突破性进展。

经过多轮的交涉，在证据与事实面前，纳税人承认了 FA 公司减持收益分配的事实，愿意依法就境外减持收益申报纳税。经计算，应纳税额为 32110 万元，扣除汇回境内部分已缴税 7350 万元，应补缴税款为 24760 万元。

（二）案例评析

有关案件的处理，税务机关还可以采取如下两种反避税策略：

策略一：依据《企业所得税法》的实际管理机构原则将 Y 公司认定为中国居民公司，进而可以确立中国税务机关的管辖权。如果这样，该转让行为则变为非居民公司 FA 转让居民公司 Y。Y 公司的招股说明书中风险因素段的风险提示有如下表述："大多数本公司董事和行政人员均居于中国境内，而本公司的资产及上述人员的资产几乎全部在中国境内。"可能是考虑到 Y 是境外上市公司，且认定 Y 公司为居民纳税人后会导致较为复杂的税务问题，主管税务机关并未采取该策略。

策略二：依据《企业所得税法》的实际管理机构原则将 FA 公司认定为中国居民公司。但该方案的问题在于缺乏明确的法律依据。国家税务总局《关于境外注册中资控股企业依据实际管理机构标准认定为居民企业有关问题的通知》（国税发〔2009〕82 号）第一条规定，境外中资企业是指由中国境内的企业或企业集团作为主要控股投资者，在境外依据外国（地区）法律注册成立的企业。而FA 公司的投资者是境内的 14 名自然人。

最终，南京市地方税务局采取了对居民自然人的管辖权原则——虽然 FA 公司对 Y 公司是非居民间转让，但 FA 公司的管理层股东为中国居民纳税人，如果FA 公司就减持收益向其分配，中国税务机关应行使税收管辖权。而有效获取相关的涉税信息是税务机关得以最终成功征税的关键。

四、案例4：首例外籍个人反向利用中国税收居民身份进行个人所得税避税案

（一）案情简介

2015年底，海淀地税局国际科收到一份美国籍华人Z先生开具2011～2014年中国税收居民身份证明的申请。申请资料显示，Z先生自2004年开始在北京工作，从2006年开始在北京某信息技术公司（以下简称A公司）任CFO（首席财务官），从2015年开始任公司COO（首席运营官）和总裁。在审核资料时，国际科发现了一张由H地W区某税务所出具的Z先生税收完税证明，该证明显示Z先生在2014年5月～2015年6月，共计在W区某税务所申报缴纳17笔个人所得税，合计5200多万元，单笔税额最高达3100万元。如此巨额的异地纳税证明引起了税务部门的高度关注。

经调查，这是一起通过税收筹划试图利用地方财政税收返还政策规避纳税义务的典型案例，也是税务机关通过一张完税证明入手发现疑点强化征管的成功范例。经过近两年的调查取证与约谈沟通，2017年底，北京市首例外籍个人反向利用中国税收居民身份进行个人所得税避税案结案。

（二）案例评析

该案是外籍个人通过主动申请成为中国的税收居民并就全球所得向中国的税务机关申报纳税，然后将纳税申报地点运作到有税收返还政策的地方，进而避税。

当前，为扶持欠发达地区或民族自治地区的经济发展，中央层面出台了西部大开发地区15%的企业所得税优惠、针对新疆困难地区（如喀什和霍尔果斯）鼓励类产业的5年免税优惠等。同时，地方政府基于招商引资的目的，也制定和

出台了各种各样的税收优惠或奖励政策，如针对个人缴纳所得税地方留成部分的税收返还等。

地方性优惠政策的存在在促进地方经济发展的同时，也造成了不同地区企业之间，乃至同一区域不同企业之间的税负不公，导致其他地区大面积的税源流失（如近年来大量影视公司和金融类企业在喀什和霍尔果斯注册新公司）。2019 年初以来，财政部和国家税务总局启动和督导的对喀什和霍尔果斯企业的税务大检查正是为了在某种程度上纠正这种几近失控避税/逃税行为。

随着《个税草案》有关个人所得税反避税制度的出台和实施，未来利用地方性的税收优惠进行个人所得税避税的行为也将面临更严格的监管和审视。

五、案例 5：境外上市公司派发股息征收个人所得税案

（一）案情简介

H 家电公司（以下简称 H 公司）为港、澳、台商独资经营企业，H 公司前身为一家批发站，后随着改革开放的不断发展，该批发站规模逐渐扩大。

H 公司在上市前，通过一系列的股权重组，达到了香港联交所上市的要求，最终于 2010 年 3 月在香港联交所正式挂牌，当前该企业的股权结构为董事主席甲为境内居民纳税人，在 BVI 注册成立了全资控股公司英属维尔京 D 投资发展公司，D 公司持有开曼 C 投资控股公司 24.59% 的股权，C 公司其余股东均为境外投资人。C 公司在香港联交所上市，持有香港 B 投资控股公司 100% 股权，B 公司持有 H 公司 100% 的股权，C 公司公告中明确上市公司所有的经营活动由 H 公司来执行。H 公司 2010 年业绩为盈利，为保证投资者的信心，于 2011 年决定每股分红人民币 1.7 分或 2 港仙。2011 年，H 公司对外支付分红 2200 万元。

根据企业提供的证明材料与税务机关掌握的企业外围信息核对，消除了大部分风险点，唯对 2200 万元人民币的分红情况，甲始终坚持分红资金已由 H 公司

汇往上市 C 公司，C 公司按股权比例将款项分给了甲在 BVI 的 D 公司，一直放在 D 公司账户上，D 公司未再次分红给其个人。当税务机关要求甲提供 BVI 的 D 公司的资金往来账等相关账簿时，其表示在 BVI 的 D 公司没有任何账册，也没有银行账户，只有一个香港股票账户，D 公司的分红放在该账户上。税务机关进一步要求其提供该账户的交易记录，甲明确表示无法提供。而如果甲不提供，现行税收政策又没有个人所得税方面的反避税条款，税务机关无法比照《特别纳税调整办法》通过经济实质来否定避税企业的存在，或者比照《企业所得税法》受控外国企业利润不作分配的处理来要求甲就该部分分红缴纳个人所得税。税务机关只能通过确认该笔分红是否已分配，才能判断是否要征个人所得税。而判断这些最快的方法是甲能提供 D 公司账户的交易记录，否则税务机关只能通过国际情报交换的方式了解这方面信息，这无疑会影响税务机关的调查进度，至此调查再次陷入僵局。

调查小组专门开会讨论下步工作如何开展。经讨论决定，还是从甲政协委员的身份入手，其在本地有较大的知名度，比较注重个人信誉，以攻心为主，动之以情，晓之以理。这次，调查组选择与其法律顾问进行了沟通：坦诚当前的确没有足够证据就该部分分红对甲征税，但会对此进行跟踪管理，比如申请总局反避税立案调查，开展国际情报交换等，到时会将董事主席甲推上风口浪尖，对于境外上市的大型企业的社会信誉，特别是董事主席的声誉会对企业产生较大影响。当前情况下，税务机关还有为企业和甲个人提供服务的机会，一旦反避税立案或启动了情报交换，税务机关就无能为力了，故请甲三思而后行。

经过多次协调，甲最终主动与税务机关沟通，通过自主申报，就 2200 万元分红按股权比例分配给他的 486.88 万元（2200 ×（1 - 10%）×24.59%）部分缴纳了 97.38 万元个人所得税。

（二）案例评析

抛开个人所得税反避税的制度缺失问题，涉税信息的获取能力是反避税案件调查的核心和关键问题。但由于征管手段和信息获取能力的限制，跨境反避税调查中的信息不对称在很大程度上限制了税务机关的反避税能力。而且，实务中启动国际情报交换的程序复杂、耗时较长。

另外，由于反避税案件的正式立案调查程序相对较为复杂，实践中税务机关更倾向于通过"管理和服务的方式"来让纳税人自行补税。

六、案例6：朝阳地税 BEPS 计划反避税案

（一）案情简介

2016 年，朝阳区地税局根据 BEPS 行动计划中关于受控外国公司规则，成功发现朝阳区某企业通过在避税地设立受控外国公司转移利润的案例，并对其开展反避税调查。

经过朝阳区地税局深入核查发现，第一笔交易真实时间为 2015 年 4 月 28 日，香港 H 有限公司与维尔京 B 公司签订协议，转让维尔京 B 公司 80% 股权，协议约定转让价格为 2.65 亿元（分三次支付，第一次支付人民币 1.5 亿元）。第二笔交易真实时间为 2015 年 5 月 5 日，北京 A 公司原股东与香港 S 公司签订股权转让协议，以 2105.84 万元为交易对价，转让 A 公司 100% 股权，个人股东已在朝阳区地税局缴纳个税。

对两笔交易进一步深入核查发现，维尔京 B 公司通过其他几家设立在避税地的公司间接持有香港 S 公司 100% 股权，而经过第二笔交易后，维尔京 B 公司实际间接持有北京 A 公司 100% 股权。维尔京 B 公司唯一控股股东徐某，正是 A 公司原控股股东 Y 某的妻子。根据税务总局《特别纳税调整实施办法（试行）》（国税发［2009］2 号）中对关联关系的认定，A 公司与香港 S 公司实际为关联公司，第二笔股权转让交易实际为关联方之间的交易。第一笔交易为非关联方交易，交易价格具有一定参考价值。

朝阳区地税局发现，两次交易的实际标的均为 A 公司，且对比第一笔交易，第二次交易价格明显偏低。A 公司原股东 Y 某及其妻子 X 某，可能通过在维尔京设立受控外国公司 B 公司，间接转让 A 公司股权，并将股权转让利润留在 B 公司。而根据税务机关调查发现，第一笔转让款中的 1.5 亿元，已经以借款方式转入 Y 某的个人账户。朝阳地税局认为，应该参考第一次交易价格，对 A 公司第二次股权转让价格进行调整。目前朝阳区地税局正在与 A 公司、Y 某等进行约谈。

（二）案例评析

从公开的案情来看，税务机关的认定和处理存在诸多欠妥当之处：

（1）报道中明确提及，案件还在调查当中。对于正在调查和处理中的案件，税务机关直接公开案情并给出结论性意见，有欠妥当。

（2）税务机关将由自然人徐某控制的注册在 BVI 的 B 公司认定为受控外国企业有欠妥当。根据《企业所得税法》第四十五条的规定，受控外国企业是指由居民企业，或者由居民企业和居民个人控制的设立在实际税负低于 12.5% 的国家（地区），并非出于合理经营需要对利润不作分配或减少分配的外国企业。该条并未将单纯由居民个人控制的外国企业包含在内。

（3）在第一次交易已完成并申报纳税的情况下，税务机关应以第二次的交易价格重新核定第一次交易的交易价格。

七、案例 7：江苏徐州频繁变更股东逃避缴纳个税案

2017 年 6 月，《中国税务报》曾刊载徐州市铜山地税局处理的一起公司通过频繁增资、撤资、变换股东的方式，规避股权转让环节个人所得税的案例。

（一）案情简介

2017 年 4 月底，徐州市铜山地税局收到市综合治税办公室转来的工商登记变

更信息。梳理这些信息，税务人员发现 Z 公司在 2017 年 1 月 4 日进行了减资处理，涉及自然人及单位减资 1506 万元，并涉及股东数量变化。但铜山地税局基础税源管理分局每月上报的自然人股权转让监控结果显示，当月并无有关 Z 公司股权变更的记录。

根据初步发现的问题，税务人员收集了 Z 公司近几年来的工商登记及变更信息。资料显示，Z 公司在 2010 ~ 2015 年频繁变换公司名称及股东：2010 年，公司名称变更，同年 7 月再次变更，2013 年又做变更。2011 年，公司股东人数由 2 人变为 4 人，增加了 1 名法人股东，同时注册资本由 806 万元变更为 1506 万元。2014 年，公司股东人数变为 6 人，注册资本增加到 3000 万元。2015 年，公司进行减资操作，注册资本由 3000 万元减少到 1494 万元，公司股东由 6 人减少到 2 人……2017 年，公司股东及公司注册资本再度变化。

Z 公司的上述变动，是纯属巧合的自然处理，还是刻意而为的避税安排？带着这一疑问，税务人员展开深入分析和检查。经过一番涉及法规说明、利害分析的深入沟通，Z 公司负责人经过考虑讲出了实情。原来，老股东退出后，Z 公司给予了一些补偿，但考虑到因工商和税务部门有联系，股东变更时会涉及缴纳个人所得税，就找会计师事务所的朋友做了一些避税筹划，就是以新股东注资入股，老股东撤资退股的形式掩盖股权转让行为，通过股东频繁变动等方式遮人耳目，以达到逃避股权转让所得缴纳个人所得税的目的。

(二) 案例评析

与直接的股权转让相比，通过增资减资方式进行避税更具有隐蔽性。

当前，很多地方的工商和税务部门都启动了定期的自动信息交换机制，以使税务部门能更及时地获取股权转让相关的涉税信息，但对增资和减资方式缺乏关注。

值得注意的是，《个税草案》第十四条明确规定："个人转让股权办理变更登记的，登记机关应当查验与该股权交易相关的个人所得税的完税凭证。"随着新的个人所得税法的实施，未来股权转让的个税管理将加强。

八、案例8：徐州地税揭穿外籍"身份伪装"，查补股息红利个税案

2017年4月，《中国税务报》发布刊载了一则案例：徐州地税利用"互联网＋大数据"揭穿"身份伪装"，否定潘某的"香港居民身份"，从而追缴其个人所得税428.58万元。

（一）案情简介

江苏HC铝厂有限公司成立于2007年4月6日，原注册资金500万美元，登记类型为中外合资企业。股权结构为广东HC铝厂有限公司200万美元，澳大利亚HC铝厂300万美元，无港籍投资个人信息。2014年底，澳大利亚HC铝厂将持有股份转到潘某名下，同时增资200万美元。这样，江苏HC铝厂有限公司的股东就变为潘某和广东HC铝厂有限公司（私营有限责任公司）。其中，广东HC铝厂有限公司占有股份28.57%，潘某占有股份71.43%。该公司在工商部门作了股权变更登记，因故未在税务机关办理变更登记。

2016年3月10日，江苏HC铝厂有限公司财务经理李某来到徐州地税局，咨询拟向港籍投资人分配红利时对外支付开具证明及所得免征个人所得税问题。李某称，2015年公司未分配利润3172.65万元，目前有分配意向，拟分配3000万元，港籍个人股东潘某依持股比例应分得2142.9万元。根据《财政部　国家税务总局关于个人所得税若干政策问题的通知》（财税字［1994］20号）规定，外国人从外商投资企业取得红利所得应暂免征收个人所得税，企业提出应给潘某开具免税证明。

徐州地税局仔细审阅该公司业务案卷，将关注点锁定到潘某身上。公司另一大股东是广东HC铝厂，其董事长也是潘某。香港距离广东这么近，潘某真的是香港人吗？税务机关转变思路，开始查证潘某的身份信息。通过"互联网＋大数

据"，终于否定了其香港身份。税务人员通过互联网查询发现：潘某，男，广东人，出生于南海大沥，广东 HC 铝厂有限公司董事长。与此同时，徐州地税局委托公安部门查询潘某户籍信息。公安部门"常住人口基本信息"查询显示：潘某，身份证号码为 440621××××××4335，性别男，户籍地广东省佛山市南海区。

通过上述工作，基本确定了潘某为内地居民的身份。那么其香港身份又是从何而来？原来潘某取得的是"香港居民身份证"，而非"香港永久性居民身份证"。而香港居民身份证是入境处签发给没有香港居留权人士的身份证，仅有在港的居住权。如果内地人有这个身份证，说明其户口还是在原籍，拿通行证过关，护照也是中国的护照。最终，企业认可了税务机关的调查结果，潘某 428.58 万元个人所得税顺利缴纳入库。

（二）案例评析

早在 2013 年，国务院发布的国发［2013］6 号文《国务院批转发展改革委等部门关于深化收入分配制度改革若干意见的通知》第 14 项就明确规定，取消对外籍个人从外商投资企业取得的股息、红利所得免征个人所得税等税收优惠。但本案中，税务机关并未引用该文件。这可能是因为当时税务机关并未意识到该文件的存在。

同时，案件调查过程中公安机关的户籍信息对税务机关最终对潘某的身份定性起到关键作用。这也再次印证了反避税案件中涉税信息获取能力的重要性。

《个税草案》第十四条明确规定了其他政府机关有义务协助税务机关获取纳税人的身份和相关涉税信息。该条规定："公安、人民银行、金融监督管理等相关部门应当协助税务机关确认纳税人的身份、银行账户信息。教育、卫生、医疗保障、民政、人力资源社会保障、住房城乡建设、人民银行、金融监督管理等相关部门应当向税务机关提供纳税人子女教育、继续教育、大病医疗、住房贷款利息、住房租金等专项附加扣除信息。"

九、案例9：个人账户频繁交易被盯上，补个税4000万元

2018年1月2日，《中国税务报》公布了四川省首例税银协作个人所得税反逃税案件，追补4000万元个人所得税。

（一）案情简介

按照上级部门工作部署，2017年5月，眉山市人民银行、公安局、国税局和地税局四个部门召开联席会议，商议税、警、银三方四部门协作开展"三反"工作等相关事宜。

2017年6月，也就是税银金融情报交换平台建立后不久，眉山市某商业银行依照《金融机构大额交易和可疑交易报告管理办法》向眉山市人民银行反洗钱中心提交了一份有关自然人黄庆（化名）的重点可疑交易报告。眉山市人民银行立即通过情报交换平台向眉山市地税局传递了这份报告。

可疑交易报告显示，眉山市人黄庆在眉山市某商业银行开设的个人结算账户，在2015年5月1日~2017年5月1日共发生交易1904笔，累计金额高达12.28亿元。这些交易主要通过网银渠道完成，具有明显的异常特征。比如，其账户大额资金交易频繁，大大超出了个人结算账户的正常使用范畴。其账户不设置资金限额，不控制资金风险，不合常规。还有，黄庆本人身份复杂，是多家公司的法定代表人，其个人账户与其控制的公司账户间频繁交易，且资金通常是快进快出，过渡性特征明显。

接到这份可疑交易报告后，眉山市地税局立即组织人员对报告全面分析，同时指派市地税局稽查局对黄庆展开摸底调查。经过调查，稽查人员确定，黄庆的个人结算账户在两年间共与45家公司发生了资金往来，这些公司位于安徽、四川、北京、上海和重庆5省市，其中多家公司由黄庆控股或者担任法定代表人。由黄庆控股或者担任法定代表人的公司中有7家位于眉山市，黄庆个人账户与这

7 家眉山公司之间的资金往来共 489 笔,占其与公司账户间资金往来总笔数的 26%,交易金额达 50653.21 万元。

分析调查所获信息,稽查人员认为,黄庆与其控股或参股公司之间资金往来频繁,资金交易规模与其控股或参股公司的注册资本、生产和经营规模不匹配,很可能存在取得工资薪金、股息红利和股权转让所得等未缴纳个人所得税的问题。眉山市地税局在掌握了上述信息后,采取了"自查+约谈"的方式,最终纳税人先后于 2017 年 7 月和 9 月两次补缴股息,红利所得个人所得税 2200 万元,并制定了剩余 1800 万元应补税款在 2018 年 2 月底前分期补缴入库的缴纳计划。

(二)案例评析

本案源于银行反洗钱中心向税务机关共享的大额交易和可疑交易信息。2017 年 8 月,国务院办公厅印发《关于完善反洗钱、反恐怖融资、反逃税监管体制机制的意见》,明确"三反"工作推进方案。四川省眉山市地税局正是通过与眉山市人民银行深度协作,挖掘金融大数据中的涉税信息,对该高收入、高净值自然人实施定向税务稽查,查补个人所得税 4000 万元。该案为反洗钱、反恐怖融资、反逃税工作进行了一次富有成效的探索。

未来如果税银信息交换常态化,将对高收入和高净值人士的个税管理带来新的挑战。

十、案例 10:跨国情报交换引发高收入移民调查,追缴税款 3474 万元

2015 年 10 月 27 日,《中国税务报》刊载了《跨国情报交换引发高收入移民调查,追缴税款 3474 万元》的文章。根据报道:5 处豪华房产、6 辆名贵汽车……中国移民夫妇与此不相符的低收入申报纳税引起了移民国的注意。利用移民国发出的跨国情报交换请求,广东省中山市地税局经过历时两年半的调查,

最终找出了当事人持股企业的隐名股东，依法追缴个人所得税税款 3474.37 万元。

（一）案情简介

2012 年末，C 国税务局通过我国驻国际联合反避税中心（JITSIC）代表处向国家税务总局提出协助请求，希望我方提供中国移民 X 某和 L 某夫妇在华的收入和纳税情况。

X 某和 L 某夫妇原籍中山，于 2006 年 12 月移民 C 国，并在 C 国一直按低收入申报纳税。但 C 国税务局掌握的资料显示，X 某和 L 某两人在 C 国期间共购置了 5 处豪华房产、6 辆名贵汽车，并在中山市内购置了 3 处房产、2 块土地。X 某银行账户同期有大量来自中国亲属的资金汇入记录，且汇入频率高、金额巨大。C 国税务局怀疑两人没有如实申报在华财产和收入，存在避税嫌疑，因此通过国际联合反避税中心向我国发出税收专项情报，请求协助核查该夫妇在华收入和纳税情况。

根据 C 国的情报线索，本次调查涉及当事人曾直接或间接持股的 13 家企业，这些企业分布在中国境内 3 个省份，其中 8 家企业在广东，并全部在中山市辖区内。接到情报调查任务后，中山市地税局迅速成立专项工作组，制定工作方案，铺开调查之网。

中山市地税局税务人员通过征管信息系统迅速掌握情报所涉企业的税务登记信息、生产经营状况及当事人申报纳税情况等基础数据，并向本市公安、国土、工商、银行等相关单位发出协查文书，全面了解 X 某和 L 某夫妇两人的出入境情况、资产购置存量、股权拥有情况和资金流水信息等。通过对大量信息数据的梳理排查和归集统计，该局税务人员就 C 国提出的核查要求逐一研究，按时完成了情报核查及层报回复工作。

在此基础上，中山市地税局专项工作组延伸运用情报，进一步排查涉案人员在我国境内是否存在涉税违规的行为。专项工作组展开案头分析，对 X 某夫妇国内亲属 2009~2011 年的纳税申报情况、双方借款合同等资料进行分析，对其借款能力及借款行为的真实性进行评估。另外，工作组溯查资金源头，重点对 X 某母亲银行账户的大额资金收支记录进行分析，筛选并锁定疑点企业。同时，对情报信息涉及的企业以及通过核查发现的其他关联企业的生产经营及申报纳税情况进行逐一排查。

最终，工作组获得了关键信息，即×某母亲为企业的实际投资者，企业向×某母亲大额转账的款项是向其借款。为此，工作组下户核查并调阅相关企业 2005~2013 年财务报表、账册及凭证资料，核实×某母亲与企业间的资金往来情况。通过反复调查取证，确认了×某母亲以借款为由，长期套取其隐性持股企业的生产经营所得，再通过多名家族成员的香港银行账户逐步将国内投资所得向 C 国转移的基本事实。

依照有关规定，中山市某企业实际投资者×某母亲从投资企业处取得的借款，在纳税年度终了后尚未归还、又未用于企业生产经营的部分，应视同企业对其的红利分配。中山市地税局专项工作组依法要求企业按照"利息、股息、红利所得"项目代扣代缴 X 某母亲个人所得税共计 3474.37 万元。

（二）案例评析

该案是中国税务机关在收到他国的涉税情报交换请求时，通过延伸运用情报交换来排查涉案人员是否在我国境内存在涉税违规行为的典型案例。但在现有的国际税收体系下，跨国之间的涉税情报交换并非自动和有计划的交换，而是依据双边税收协定或双边情报交换协定，由一方向另一方申请交换。该机制导致跨国情报交换效率低下、程序复杂、耗时过长，难以有效打击跨国避税行为。

2014 年，为加强国际税收合作、打击跨境逃避税，经济合作与发展组织（OECD）发布《金融账户涉税信息自动交换标准》（以下简称 CRS）。中国政府于 2015 年 12 月 17 日加入 CRS 协定，承诺成为第二批实施 CRS 的国家（地区），并将于 2018 年 9 月进行第一次信息交换。

伴随 CRS 在中国的落地实施和新的个人所得税法有关条款的引入，中国对高收入和高净值人士的个税监管将持续加强。值得注意的是，中国当前并无退籍清税的规则，导致对变更国籍自然人的个税管理更多的是事后管理。如果未来个人所得税法增加退出退籍清税的规定，将对高净值人士的移民产生重大影响。

参考文献

［1］栾庆忠．增值税发票税务风险解析与应对（实战案例版）［M］．北京：中国人民大学出版社，2019.

［2］高金平．特殊行业和特定业务的税务与会计［M］．北京：中国财政经济出版社，2017.

［3］刘元春，李兵兵．经营所得税、个人所得税纳税申报实务［M］．北京：中国经济出版社，2019.

［4］十大个税反避税典型案例［EB/OL］．http：//www. shui5. cn/article/11/124690. html.

［5］一起补缴税款600多万的关联交易转让定价反避税案［EB/OL］．http：//www. shui5. cn/article/6d/125375. html.

［6］构建个人所得税反避税规则体系的五点思考［EB/OL］．http：//www. shui5. cn/article/80/124107. html.

［7］解读《企业所得税法》一般反避税条款［EB/OL］．http：//www. 360doc. com/content/12/0504/22/52870_ 208716984. shtml.

［8］杨继美，周长伟．玩转财务大数据——金税三期纳税实务［M］．北京：机械工业出版社，2017.

［9］中国会计网［EB/OL］．http：//www. canet. com.

［10］金税三期工程［EB/OL］．https：//baike. baidu. com/item/% E9% 87% 91% E7% A8% 8E% E5% B7% A5% E7% A8% 8B% E4% B8% 89% E6% 9C% 9F.

［11］金税三期下发票管理的风险防控［EB/OL］. https：//baijiahao. baidu. com/s？id＝1562456090363411&wfr＝spider&for＝pc.

［12］以票管税［EB/OL］. https：//baike. baidu. com/item/% E4% BB% A5% E7% A5% A8% E7% AE% A1% E7% A8% 8E/12753882？fr＝aladdin.

［13］信息管税［EB/OL］. https：//baike. baidu. com/item/% E4% BF% A1% E6% 81% AF% E7% AE% A1% E7% A8% 8E.

［14］金税三期严打，以后买发票可能死路一条［EB/OL］. http：//www. sohu. com/a/163158618_ 158329.